〈フォニックス〉できれいな英語の発音がおもしろいほど身につく本

Phonics Rules Book

Jumique Imai
ジュミック今井

はじめに

明日の自分の英語は、今この瞬間に作られている

「外国人といるだけで緊張してしまう」
「自分の発音にぜんぜん自信が持てない」
「日本語で考えてから英訳するクセがついてしまっている」

　——私たちは英語でコミュニケーションを取ろうとする際、常に何かしらの不安や悩みを抱えてしまいがちです。しかしその一方で、

「いつかぺらぺらと流暢に話せるようになりたい」
「きれいな発音と正しい英語でネイティブスピーカーと対等に渡り合いたい」

…と願っている方も多いはず。でも、一体いつになったら美しい発音と正しい英語でコミュニケーションが取れるようになるのでしょうか。

　ただ待ち焦がれているだけではその"いつか"は永遠にやって来ないかもしれません。なぜなら、外国語の習得は**"「今」という積み重ねの連続"**だからです。現在のあなたの英語力は明日のあなたの英語力に引き継がれ、明日の英語は明後日、明々後日…と引き継がれていきます。そうです、今の英語の力が数珠のようにつながり、少しずつかたちを作り上げていくのですから、一瞬たりとも学びを疎かにすることはできません。

　外国語学習はともすれば上達のステップが見えにくく感じることもあり、ジレンマを感じたり、モチベーションが下がったりすることがあるかもしれませんが、真摯に取り組むことで語学力は必ずあなたのモノになります。その場しのぎの付け焼刃な知識をやみくもに求めるのではなく、**焦らず慌てずに今できることをしっかりと見据え、地に足をつけて学ぶ姿勢がなにより大切です。**

　なお、英語の学習を飽きずに長く続けるコツは**"学びを特別扱いしない"**ことです。歯みがきや洗顔のように、英語に親しむことを毎日の暮らしの習慣にすることができたなら、いつでもどこでも瞬時に"学習モード"に突入することができます。

また、積み上げ式のラーニングスタイルを確立することができれば、必ずや確かな発音力を身につけることが可能です。日々の暮らしの中に10分、いえ、5分だけでも構いません。細切れのすきま時間を見つけ、"生の英語を聞いて声に出す（インプット＆アウトプット）"作業を行うことが大切です。「塵も積もれば山となる」のことわざにもある通り、小さな繰り返しによって口のまわりの筋肉も少しずつ英語用にカスタマイズされ、英語受信用のアンテナもポツポツと立ち始めます。

　社会人として勉強の時間をやりくりするのは決して簡単なことではありませんが、習得したいという執念がある限り、必ずやみなさんの夢は成し遂げられます。自分を信じて前へ進みましょう。

　初めてフォニックスを体験する方も、少しかじったことがある方も、さあ、これから楽しくフォニックス・リズム音読を始めましょう！

2012年7月
ジュミック今井

〈フォニックス〉で
きれいな英語の発音がおもしろいほど身につく本

はじめに
本書の使いかた

序章　フォニックスとは？

1. そもそも「英語を勉強する」ってどういうこと？　*12*
    英語のリズムには強制力がある！

2. フォニックスって何？　*13*
    (1) 大人のためのフォニックス・リズム音読
    (2) フォニックスを学ぶメリットは、ずばり"発音矯正"です！
    (3) メトロノームのテンポに合わせてリズム音読

3. この本の効果的な使いかたを教えて！　*17*
    (1) 英語の"体内メトロノーム"があれば怖いものなし！
    (2) automatic pilot（自動操縦）モードに切り替えよう！

4. フォニックスについてもっと知りたい！　*19*
    (1) "フォニックス読み"と"アルファベット読み"
    (2) フォニックスのルールを活用しよう
    (3) 英語のaと日本語の「あ」は同じ音？
    (4) フォニックスと発音記号のコンビ学習で一挙両得！

1章　フォニックスの基本ルール

1. 1字つづりの子音　*28*
2. 1字つづりの母音　*32*
3. 弱母音　*34*
4. 二重子音字　*36*
5. 子音ブレンド　*38*
6. 母音ペア①　*46*
7. 母音ペア②　*48*
8. rのついた母音　*50*
9. サイレントE　*52*
10. その他のルール　*54*

2章　60のフレーズでフォニックス・リズム音読

1. about to ~ （~しようとしている） *58*
2. It can't be ~ （~のはずがない） *62*
3. Don't forget to ~ （~するのを忘れないで） *66*
4. I'm going to ~ （~するつもりです） *70*
5. had to ~ （~しなければならなかった） *74*
6. like to ~ （~するのが好きです） *78*
7. used to ~ （以前は~でした） *82*
8. You'd better ~ （~するべきです） *86*
9. Could you ~ ? （~をしていただけますか？） *90*
10. Did you ~ ? （あなたは~でしたか？） *94*
11. Is that ~ ? （あれは~ですか？） *98*
12. This is ~ （これは~です） *102*
13. as long as ~ （~である限りは） *106*
14. That sounds ~ （~のようだ） *110*
15. It takes ~ （~がかかる） *114*
16. because of ~ （~のせいで） *118*
17. out of ~ （~の中から外へ、~によって） *122*
18. might've ~ （~だったかもしれない） *126*
19. should've ~ （~するべきでした） *130*
20. could've ~ （~することができたのに） *134*
21. must've ~ （~だったに違いない） *138*
22. would've ~ （~だったでしょう） *142*
23. need to ~ （~する必要があります） *146*
24. ought to ~ （~するべきです） *150*
25. Why don't you ~ ? （~したらどうですか？） *154*
26. I'd like you to ~ （あなたに~をしてもらいたい） *158*
27. They're ~ （彼らは~です） *162*
28. I've ~ （私は~したことがある、~している） *166*
29. Shall I ~ ? （~しましょうか？） *170*
30. There's ~ （~があります） *174*
31. How's ~ ? （~はどうですか？） *178*
32. Can I ~ ? （~してもいいですか？） *182*

33.	if it's 〜	（もし〜なら）	186
34.	Is this 〜?	（これは〜ですか？）	190
35.	Won't you 〜?	（〜をなさいませんか？）	194
36.	What about 〜?	（〜はどうですか？）	198
37.	for a 〜	（〜のために、〜の間）	202
38.	Where's your 〜?	（あなたの〜はどこですか？）	206
39.	good at 〜	（〜が得意です）	210
40.	poor at 〜	（〜が苦手です）	214
41.	Is it 〜?	（それは〜ですか？）	218
42.	Would you 〜?	（〜していただけますか？）	222
43.	I'm afraid 〜	（あいにく〜です）	226
44.	have a 〜	（〜を持っています）	230
45.	That's 〜	（あれは〜です）	234
46.	take care of 〜	（〜の面倒をみる）	238
47.	interested in 〜	（〜に興味があります）	242
48.	kind of 〜	（〜みたいな、まあ〜のような）	246
49.	not sure 〜	（〜の確信がない、〜の自信がない）	250
50.	What's it like 〜?	（〜はどんな感じですか？）	254
51.	Who's 〜?	（〜は誰ですか？）	258
52.	has to 〜	（〜しなければなりません）	262
53.	as if 〜	（あたかも〜かのように）	266
54.	I'll 〜	（〜でしょう）	270
55.	Don't try 〜	（〜をしないで）	274
56.	what if 〜?	（もし〜だったらどうなるでしょう）	278
57.	It costs 〜	（〜がかかる）	282
58.	look forward to 〜	（〜を楽しみにしている）	286
59.	a bit of 〜	（わずかな〜）	290
60.	I guess you 〜	（あなたは〜だと思う）	294

● カバーデザイン　神部えり
● イラスト　滝口美香

本書の使いかた

アイコンの説明

 「音声マーク」があるものは、付属の CD に音声が収録されています。

 「リズムマーク」があるものは、メトロノームのリズムに合わせて練習ができます。

序章

序章では、フォニックス・リズム音読を学習する下準備として、英語学習のコツや、フォニックスのルールについて、読み物形式で学びます。

1章

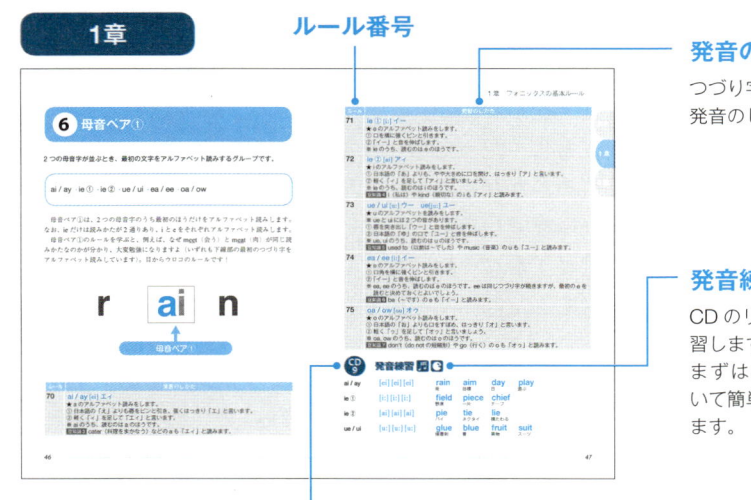

ルール番号

発音のしかた
つづり字の発音を発音のしかたで学びます。

発音練習
CD のリズムに合わせながら練習します。
まずは単音を 3 回発音し、続いて簡単な単語を使って練習します。

CDトラックNO

2章 1, 2, 3

CDトラックNO

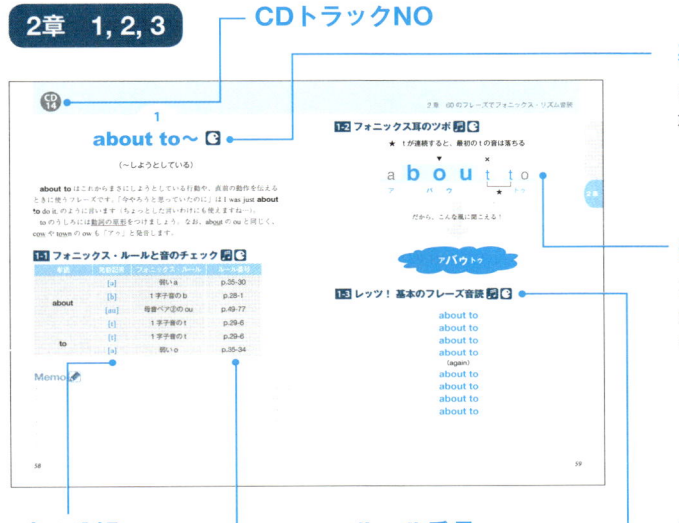

基本フレーズ
まずはその課のテーマとなる基本フレーズを読みます。

発音のポイント
ここに表記してある発音の注意点を意識しながら基本フレーズを読んでみましょう。

基本のフレーズ リズム音読
リズムに合わせながら基本フレーズを何度もアウトプットして覚えてしまいましょう。

音の分解
基本フレーズを単音ごとに分解し、それぞれのフォニックスルールと音をチェックします。1音1音ていねいに音を発しながら確認しましょう。

ルール番号
単音の発音のしかたがわからなくなったら、ルール番号をたどって1章へ戻って練習しましょう。

2章 4

CDトラックNO

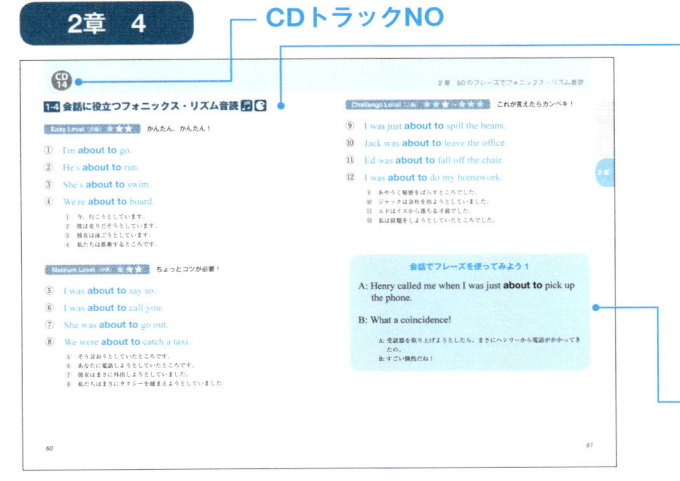

文の中で基本フレーズを音読
基本フレーズを今度は文の中で使ってみましょう。リズムに合わせて楽しく音読エクササイズ！
レベルが上がるごとに難しくなっていきますが、発音をにごさずに言えるようになるまでくり返し練習することが大切です。

ミニ会話
CDには収録されていませんが、基本フレーズを実際に使ったシチュエーションのミニ会話を掲載しています。

フォニックスとは？

英語を身につけるには「英語→日本語→英語」ではなく、日本語を介さない「英語→英語」の思考回路を作ることが重要です。

フォニックス・リズム音読は文字通り、リズムに乗って体で英語を覚えてしまおうという学習法ですから、発音矯正という主な目的以外にも、「英語→英語」の思考回路を育てる効果もあるのです。

フォニックス・リズム音読は、英語を学習する人にとって大きなメリットとなります。これはやってみないともったいないと思いませんか？　それでは始めましょう！

1 そもそも、「英語を勉強する」ってどういうこと？

英語のリズムには強制力がある！

　フォニックス・リズム音読の学習に入る前に、英語の学びについて少しだけお話をしたいと思います。

　英語の習得は言い換えるなら、日本とは異なる文化や価値観を手に入れること。つまり、日本語とは全く異なる英語という1つの世界観を理解するには、それ相応の努力が必要であり、母語を離れ"英語を英語として理解する"ことがなにより大切です。ところがこれが簡単なようでいて、なかなか難しいもの。英語でいくら考えようとしても、かなりの訓練を積まないと日本語が頭の中を占めてしまいます。

　例えば、ヨガなどで心身をリラックスさせるために座禅を組んだとき、心を無にしようとすればするほど、さまざまな思考が次から次へと浮かんでしまい、結局挫折してしまった…という経験をみなさんはお持ちでしょうか？

　実は英語のリスニングを行っているときも少しだけ似たような現象が起きています。

英語の TV ドラマを副音声で観ながら（同時に聴きながら）「あれっ、この英単語ってどういう意味だったっけ？」と考えてしまうことはありませんか。
あれやこれやと思考を巡らせているうちにドラマはどんどん先に進んでしまい、気づいたときには肝心の部分を見逃してしまった…という経験は誰しもあるはずです。

英語を聞いているときの日本語の介入は、座禅でいうところの雑念でしかありません。この雑念が厄介なのです。

せっかく英語で考えようと思っても、どうしても日本語が割り込んでしまう。なんとも歯がゆいのですが、これを打破するには"強制力"をかけるしかありません。つまり雑念の隙を与えないのです。
そういった意味で、フォニックス・リズム音読はとても効果的と言えるでしょう。ひとたびメトロノームのイントロが流れたら、リズムにのって歌うしかありませんから！

雑念に振り回されるヒマがないのは、母語を離れて英語を英語で理解するという観点からみても大変よいことなのです。

2 フォニックスってなに？

（1）大人のためのフォニックス・リズム音読

日本語を母語とする私たちは、頭の中が日本語の音韻構造で凝り固まっているため、英語を聞いてもとっさにその音を受信するための専用アンテナを持ち合わせていません。

凝り固まった耳をほぐすには、母語の枠を超えて英語の音そのものと素直に向き合う必要があるのですが、母語でガチガチの脳は日本語用のアンテナしか立っておらず、とりわけ大人になってから英語を学ぶのがきついと感じるのは、母語以外の音声は異

種音として雑音扱いになり、ひとたび雑音化されてしまった英語の音を、今度は日本語のアンテナを借りて受信するか、または、ひたすら"雑音"と向き合って新たな英語用のアンテナを立ち上げるしかないからです。

なお、耳をほぐす学習法の1つに"多聴"がありますが、これは学習のウォームアップ段階としてはおすすめなのですが、単なる聞き流しでは思うように成果が上がらないのが現状です。

また、発音の訓練に関して言えば、成人学習者はまず「どのようにして英語の音が作られるのか」というメソッドを理解しておく必要があるでしょう。

というのも、英語の音は日本語のそれとはまったく異なりますので、調音のしかたを双方向的な角度から眺め、違いを認識する知的作業が極めて重要です（むしろ、大人が理屈から入りたいと思うのは自然な流れだと思います）。

カンがよければそれなりに発音してもそれなりにうまく聞こえますが、あくまでそれは"それなりに"なわけで、結局のところ、地盤が緩んでいる土地の上に家を建てるぐらい不安定で、危うげなものなのです。

ところで、学習者さんのなかには「海外で暮らす日本人は自然にいい発音が身につくから、日本に暮らす自分は損だ」と勘違いしている人もいるかもしれませんが、発音の善し悪しは在歴何年で測れるものではありません（子供はこの限りではありませんが）。ちなみに、アメリカに何年も住んでいる私の友人は、今でも折を見つけてはネイティブスピーカーから発音の特訓を受けています。

発音のしかたを頭で理解し、口と耳を使って練習をくり返しながら英語のシナプスを生成し、そこで培った音声回路を強化してゆけば"通じる英語の発音"が必ず手に入ります。

なお、これまでにも発音学習に関する書籍は多数出版されていますが、私が本書で提案しているのが「フォニックス・リズム音読」です。フォニックス・リズム音読とは、音声回路の生成を目標に、フォニックスとリズム、そして音読を一体化させた発音マスター学習法です。

(2) フォニックスを学ぶメリットは、ずばり"発音矯正"です！

「フォニックス(phonics)」とは、「つづり字と発音の関係を示したルール」です。本来、フォニックスは子供向けの読み書き学習法なのですが、大人の私たちがフォニックスを学ぶ最大のメリットは何かというと、ずばり"発音矯正"です。

アルファベットには"音の読みかた（＝フォニックス読み）"と"名前の読みかた（＝アルファベット読み）"があり、つづり字を見ただけで単語が読めるようになるというのがフォニックス学習の目標です。

音の作りかた（＝発音のしかた）とつづり字の法則を学ぶことで、発音矯正の役割も果たします。フォニックスの学習法については1章に詳しく載っていますので、つづり字の読みかたと併せて音の作りかたをしっかりと学びましょう。

さて、発音の重要性がうたわれる一方、「日本人なんだから、カタカナ発音で十分だ！」という主張もあるようですが、個人的にはあまり賛成できません。なぜなら、「タクシーの運転手に五番街（Fifth Avenue）へ行ってくださいと伝えたのに、ぜんぜん通じなくて恥ずかしい思いをした」「レストランでフォークをくださいとお願いしたら、なぜかコーラが出てきた」「アイスクリームのバニラ味を注文すると必ず聞き返されるので、ストロベリー味を頼むようになってしまった」など、このような英語の発音にまつわる悲しい逸話を携えて、私の教室の門をたたく人も少なくないからです。

Fifth Avenue（五番街）、fork（フォーク）、vanilla（バニラ）が通じなかったのは、fを「ハ行音」、thを「サ行音」そしてvを「バ行音」で代用してしまったことによる誤用が原因です（百歩譲って「フォーク」は出てきてもよさそうなものですが…）。

フォニックスを習得すると日本語と英語の音の違いがきちんと理解できるようになりますので、fやvの音でいちいち頭を悩ませる必要がなくなります。

そうです、フォニックスは音の交通整理にとても役立つ発音学習のツールなのです。正しい発音を身につけるには、フォニックスは最適と言えます。

(3) メトロノームのテンポに合わせてリズム音読

　みなさんは「チャンツ（chants）」という言葉を知っていますか。チャンツとは、一定のリズムに合わせて英語を音読する学習法です。

　詩や物語を歌うように読むことで、英語の強勢やイントネーション、リズムを自然に体得することができます（「ラップ」をイメージするとよいかもしれません）。

　英語圏の子供たちはチャンツ学習を通して英語独特のリズムやアクセント、音の流れを体の中に刻みこませていきます。つまり「頭ではなく体で覚える」のです。

　教育現場では、先生と子供たちがチャンツのリズムに合わせて一緒に体を動かしながら、大きな声で歌ったり踊ったりします。遊びの一環と思われるかもしれませんが、チャンツ学習によって覚えたことは大人になっても忘れません。英語圏の子供たちは歌だけでなく、リズムに合わせて九九を覚えたりもするのです。

　では、大人である私たちも彼らとまったく同じことをすればよいのでしょうか。大人が子供と同じようにリズムに合わせて、歌って、踊って、跳んで、跳ねて…というのはさすがに抵抗感がありますよね。そこで、本書はチャンツをベースとした"リズム・エクササイズ（フォニックス・リズム音読）"を導入しています。これは文字通り"フォニックス"と"チャンツ"の要素を絡めた大人向けの英語学習法です。

　フォニックス・リズム音読では、基本のフォニックスを学びながら、日常生活で使われる基本フレーズをメトロノームのリズムに合わせてテンポよく音読していきます。そうすることによって、

> ①子音と母音に着目し、英語の音とつづり字の法則を自然に体得することができる（フォニックス効果）
> ②リズム音読により、日本語を介在させない"英語による英語のための思考回路"を生成することができる（チャンツ効果）

といった2つの大きなメリットを享受できるのです。

序章　フォニックスとは？

```
        ┌─────────────────────┐
        │ フォニックス・リズム音読 │
        └─────────────────────┘
           ↙              ↘
┌──────────────────┐   ┌──────────────────┐
│   フォニックス効果    │⇔│    チャンツ効果     │
│ (音とつづり字の学習)  │   │   (リズム学習)     │
└──────────────────┘   └──────────────────┘
```

　「日本語 → 英語」ではなく「英語 → 英語」の思考パターンは、自分でも気づかないうちに生成されるものです。そして、そのような英語の思考パターンの生成プロセスには、音やリズムにひたすら集中するといった姿勢が必要です。

　フォニックス・リズム音読をくり返すことで、最初はうまく読めなかった文章がすらすらと言えるようになったり、漠然としか分からなかった英文の意味がダイレクトに脳にしみ込んでくるようになります。そうやって"英語のシナプス"を少しずつ強化してゆくことで、日本語に頼らない"英語による英語のための思考回路"が完成するのです。

　つまり、今日のフォニックス・リズム音読が明日のフォニックス・リズム音読の助けになり、ひいてはみなさんの今後の英語力を作り上げていくはじめの一歩になるのです。

❸ この本の効果的な使いかたを教えて！

(1) 英語の"体内メトロノーム"があれば怖いものなし！

　本書では文章にリズムの強制力を与え、メトロノームのテンポに合わせて英文を読

んでいきます。

　英語のリズムは体を使って（つまり、声に出して）覚えるのが最も効果的です。 水泳などもそうですが、最初はぎこちなくても、プールに入ってインストラクターと一緒に手足を動かしていくうちに、少しずつ泳ぎかたを覚えていきますよね。フォニックス・リズム音読もそれとよく似ています。

　せっかく覚えたことを単なる机上の論理で終わらせるのではなく、実践が伴ってこそ英語の醍醐味が味わえるというものです。ですのでエクササイズを行っている間は**英語オンリーの世界にどっぷりと浸かり、CDから流れてくるネイティブスピーカーのマネをし、リズミカルにはっきりと（もちろん大きな声で）"歌う"ように音読をしましょう。**

　最初のうちはうまくリズムに乗れずに戸惑うことがあるかもしれませんが、心配は無用。何度もチャレンジするうちに必ずコツがつかめてきます。そして、英語の"体内メトロノーム"がひとたびインストールされると、次に英語を話すときに自動的に起動されるようになります。そうなればしめたもの。無意識のうちに英語らしいリズムがポンポンと口をついて出てくるようになります。

　英語の道は小さな一歩から。tick-tack tick-tack…さあ、フォニックス・リズム音読を通して、英語の楽しさを心から楽しもうではありませんか！

(2) automatic pilot（自動操縦）モードに切り替えよう！

　語学の習得は毎日コツコツ続けることが肝要ですが、その一方で「絶対にやらなければならない」と自分にプレッシャーをかけてしまうのはかえって逆効果です。

　学習を日課とするには、それを特別なものにしないこと。そこでおすすめの学習法**はすきま時間の有効活用**です。社会人であれば通勤時間やランチタイムなど、ちょっとした空き時間がありますよね。電車の中で音読するのはさすがに気が引けますが、指でトントン♪とリズムをとりながら、オーディオプレーヤーなどで音声を聞くことはできるはず。また、隣の乗客にわからない程度にこっそりと、口パクぐらいならできそうです。

序章　フォニックスとは？

　ほんの 5 分、10 分で構いませんので、空いている細切れの時間を有効に使い、最低でも 1 日 20〜30 分はエクササイズを行いたいものです。

　10 分のすきま時間を 1 日に 3 回確保できれば、目標の時間を楽に達成できます。主婦の方であれば皿洗いや洗濯など、家事の合間を使うことも可能ですね。

　なお、最も有効な勉強時間の確保のしかたは、いつやろうかなと考える前に、とにかく CD を流してしまうこと。英語が流れてくれば自然に（否応なしに）学習モードに突入できますよ。スイッチを入れてしまえば、あとは勝手に体が勝手に動く automatic pilot（自動操縦）の状態に持っていくのがベストです。

❹ フォニックスについてもっと知りたい！

（1）"フォニックス読み" と "アルファベット読み"

フォニックス・リズム音読を CD で練習する前に、子音と母音について説明しておきましょう。

　子音と母音の発音練習はミクロな作業に見えるかもしれませんが、"音素（単音）"の先には"単語"があり、単語の先には"フレーズ（句）"、句の先には"文"、文の先には"パラグラフ"、そして最終的に"ダイアログ（会話）"へとつながっていきますので、単音の学習はマクロからミクロへの必須プロセスと言えるでしょう。

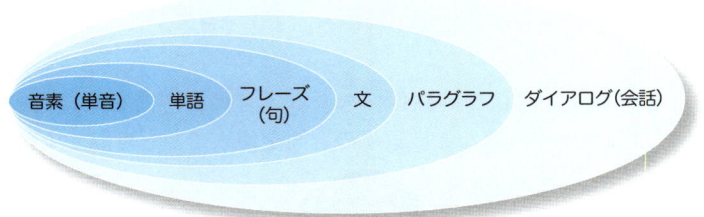

　ちなみに、子音と母音の学習は発音記号を用いて行われるのが一般的ですが、本書ではそれに加え「フォニックス（phonics）」という学習法を導入し、発音の基本固めを行います。

　フォニックスは、英語を母国語とする子供たちが学ぶつづり字と発音の関係を示した学習法で、アメリカやイギリスなどの英語圏の子供たちはフォニックスを通して単語の読み書きを学んでいきます。もちろん、私たちも子供の頃にひらがなの読みかたを教わりましたよね。
日本語の場合は、

「ぶ」+「た」=「ぶた」
「さ」+「る」=「さる」

のように、文字の見た目と音が基本的に同じですから、見たままに声を出せば、原則、その単語を読むことが可能です。しかし、アルファベットの音韻構造は日本語のそれとは異なります。
　例えば、pig を文字通りに読むと「ピィー」「アィ」「ジー」ですが、これでは意味を成しませんね。

つまり、pig を「ぶた」として認識するためには、別の読みかたが必要なのです。そこで登場するのがフォニックスです。pig をフォニックスの読みかたに当てはめると、p =「プ」、i =「イ」、g =「グ」、そして、3 つの音を一気にすばやくつなげて読むと pig =「ピッグ」になります。これならちゃんと「ぶた」になりますね。

pig	p	i	g
フォニックス読み	プ	イ	グ
アルファベット読み	ピィー	アイ	ジー

　ここからわかる通り、アルファベットによって構成される英単語は文字の見た目、すなわち、つづり字通りに読んだとしても、必ずしも単語の意味をあらわす音を読んでいることにはならず、それらを正しく読むためにはつづり字の音を知らなくてはならないのです。

　この「つづり字の"音"の読みかた」を「フォニックス読み」と言い、単語を読む際に欠かすことのできない読みかたです。ちなみに、先の p =「ピィー」、i =「アィ」、g =「ジー」は、アルファベットの"名前"を見たままに読んでいるので「アルファベット読み」と呼ばれています。このようにつづり字と音のルールを知っていれば、仮に新出単語に出くわした場合でも、文字から読みかたを憶測することができるので、ただひたすら暗記するだけの機械的な作業に頼らない、ロジックをベースにした学びを展開することが可能です。

　なお、母音字（a i u e o の文字）はアルファベット読みとフォニックス読みの両方が使われることが多いのですが、子音字（a i u e o 以外の文字）に関してはフォニックス読みのほうが圧倒的に多く見受けられます。

(2) フォニックスのルールを活用しよう

例えば、bag（かばん）のつづり字を分解し、それぞれの文字をフォニックス読みすると、b =「ブ」、a =「ア」、g =「グ」。3つの音をつなげて読めば bag =「バッグ」になります。

bag	b	a	g
フォニックス読み	ブ	ア	グ
アルファベット読み	ビー	エィ	ジー

つまり、bag はフォニックス読みのつづり字で構成されている単語だというのがわかります。

では次に、tape（テープ）を使って読みかたを確認してみましょう。まず、それぞれの文字を分解しフォニックス読みをすると、t =「トゥ」、a =「ア」、p =「プ」、e =「エ」です。では、これらの音をつなげてみてください。「トゥアプエ」ですよね。

tape	t	a	p	e
フォニックス読み	トゥ	ア	プ	エ
アルファベット読み	ティー	エィ	ピー	イー

序章　フォニックスとは？

　ん〜、残念ながら、これではテープとしての意味をまったく成していませんね。それにしても、なぜtapeにはフォニックス読みが当てはまらないのでしょうか。実はtapeは"サイレントE"というルールを使って読まなければならないのです。

> ### サイレントE（silent E）
> "静かなE"と呼ばれ、フォニックスの代表的なルールの1つであり、母音字の読みかたを「フォニックス読み」から「アルファベット読み」に変える魔法の法則。
> 語尾が「母音＋子音＋e」のとき、母音をアルファベット読みし、eは読まない。

　サイレントEが当てはまることで、tapeのaは「ア（フォニックス読み）」から「エィ（アルファベット読み）」に姿を変えてしまうのです。つまり、語尾のeが直前の母音字の読みかたを決定しているのです。これはなかなか面白いルールだと思いませんか？

cake	c	a	k	e
フォニックス読み		ア		サイレントE
アルファベット読み		エィ		

home	h	o	m	e
フォニックス読み		ア		サイレントE
アルファベット読み		オウ		

five	f	i	v	e
フォニックス読み		イ		サイレントE
アルファベット読み		アイ		

　ちなみに tape をサイレント E の要領で読んでいくと、t =「トゥ」、a =「エィ」、p =「プ」、e =「×」です。カタカナで表すと「テープ」です。ただし、注意しなければならないのは、a のアルファベット読みは「エー」ではなく「エィ」です。ですので、tape は「ティプ」と発音しなくてはなりません。このようにカタカナ発音に頼らない英語らしい音を習得するのにもフォニックスは一役果たします。

　さてここで、もう 1 つのフォニックス・ルールです。

> 単語の中に母音字（a, i, u, e, o）が 1 つしかないとき、その母音字はフォニックス読みをする。

　tape の a はサイレント E の働きで「エィ」と読みますが、語尾の e を取ると母音字は a だけとなってしまいます。そして、これを上のルールに当てはめると a はフォニックス読みに戻るので…なんと、tape（テープ）は tap（蛇口）に早変わり！

tap	t	a	p	e
フォニックス読み	トゥ	ア	プ	
アルファベット読み	ティー	エイ	ピー	

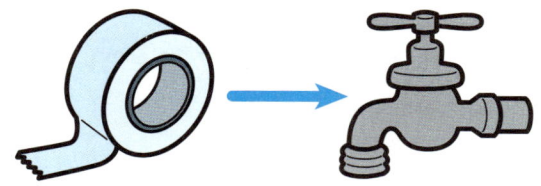

　このようにフォニックスのルールを駆使すれば、基本的な単語の約 7 割は読むこと

ができると言われていますので、活用しない手はありません。アルファベットの音をひも解くことで、新たな英語の世界がぐんと広がりますよ。

(3) 英語のaと日本語の「あ」は同じ音？

最後に、日本語と英語の音の違いについてかんたんに触れておきましょう。例として map（地図）を挙げますね。みなさんは map を正しく発音できる自信はありますか。「そこそこなら大丈夫」という人はいるでしょうが、「ぜったいに大丈夫です！」と断言できる人はそう多くないはずです。

実は map の「ア」は、朝（あさ）の「あ」や、雨（あめ）の「あ」とはまったく異なる「ア」であることをお話しなくてはなりません。と言うのも、この a（短母音と言います）は、「ア」と「エ」を足して 2 で割った中間的な音色を持っているからです。

"中間的な音色" と言われてもピンとこない人もいるでしょう。それは当然のことです。そもそも日本語には「ア」と「エ」の中間的な音という概念がないのですから。

もしみなさんが map を通じる音できちんと発音したいと願うのであれば、このやっかいな短母音の a をなんとしてでも攻略せねばなりません。さもなければみなさんの a は、永遠に朝の「あ」や雨の「あ」で代用された "日本語っぽい響きを持つ代物" で一生を終えてしまうでしょう…。なんとも、悲しい限りです。

(4) フォニックスと発音記号のコンビ学習で一挙両得！

map の a を発音記号で表すと [æ] になります。

map
[m æ p]

　よく見てください。[æ] は a と e がくっついた記号に見えませんか。つまり発音記号からも、map の a は a と e の 2 つの音でできているのだということがお分かりいただけるはずです。"たかが a されど a"、小さな音だからといって決して侮ることはできないのです。

　このように、フォニックスはつづり字と音の交通整理を行う便利なツールであると同時に、あやふやな発音を正しい道へと導いてくれるナビゲーター、言い換えるなら、足元を照らす灯台でもあります。灯りを頼りに導かれれば、みなさんの英語はどんどん磨かれていきます。

　発音のしかたはもちろんのこと、本書では発音記号も列記していますので、フォニックスと発音記号のコンビ学習で正しい発音を自分のモノにしてくださいね。

　では早速、次の 1 章でつづり字をグループ分けし、フォニックスと発音記号の関係を見ていきましょう。

1章

フォニックスの基本ルール

1章では、フォニックスの基本ルールを10のグループに分け、発音のしかたとつづり字の関係について学びます。

ここで、2章のフォニックス・リズム音読の下準備としてしっかりと基礎を身につけましょう。

1 1字つづりの子音

1字つづりの子音字をフォニックス読みするグループです。

> b・p・硬いc・k・硬いg・t・d・m・n・f・v・s・z・zと読むs・l・r・x・h・j・w・qu（2文字でワンセット）・y・軟らかいc・軟らかいg

　1字1音が原則ですが、xはkとsの2つの音で作られています。qは単語の中ではほとんどの場合、あとにuが続くのでquと表記します。cとgにはそれぞれHard（硬い音）とSoft（軟らかい音）の読みかたがあるので覚えておきましょう。

　なお、sはzのフォニックス読みをすることもあるので準ルールとして入れておきました。

1字つづりの子音

ルール	発音のしかた	
1	b [b] ブ 唇をしっかり閉じ、一気に開いて「ブ」と声を出します。	
2	p [p] プ 唇をしっかり閉じ、一気に開いて「プ」と息を出します。 ※b（ルール1）と同じ口のかたちです。	

1章　フォニックスの基本ルール

ルール	発音のしかた
3	**硬い c [k] ク** ① うがいの要領でのどをガラガラと鳴らします。 ※ ガラガラと鳴る奥が舌の付け根です。 ② 舌の付け根を持ち上げ、上あごにぴったりとくっつけます。 ※ 息の流れが一瞬止まります ③ 舌の付け根を一気に離して、「クッ」と息を出します。 ※ c のあとに a, o, u が続くとき、硬い c になることが多い。
4	**k [k] ク** ※ 硬い c（ルール 3）と同じ発音です。
5	**硬い g [g] グ** ① うがいの要領でのどをガラガラと鳴らします。 ※ ガラガラと鳴る奥が舌の付け根です。 ② 舌の付け根を持ち上げ、上あごにぴったりとくっつけます。 ※ 息の流れが一瞬止まります。 ③ 舌の付け根を一気に離して、「グッ」と声を出します。 ※ 硬い c（ルール 3）の口のかたちと同じです。 ※ g のあとに a, o, u が続くとき、硬い g になることが多い。
6	**t [t] トッ** ① 上の歯ぐきのそばに舌先を軽くあてます。 ② 舌を一気に離しながら「トッ」と息を出しましょう。
7	**d [d] ドッ** ① 上の歯ぐきのそばに舌先を軽くあてます。 ② 舌を一気に離しながら「ドッ」と声を出しましょう。 ※ t（ルール 6）の口のかたちと同じです。
8	**m [m] ム／ン** ① 唇を閉じます。 ② 閉じたまま、鼻から「ンー」と声を抜きます。 ※ 単語によって「ム」「ン」のように響きます。
9	**n [n] ヌ／ン** ① 口を自然に開き、舌先を上前歯の歯ぐきのそばにあてます。 ② 舌先をつけたまま「ンー」と鼻から声を出します。 ※ 単語によって「ヌ」「ン」のように響きます。
10	**f [f] フ** ① 上前歯で下唇を軽く噛み、「フ」と息を漏らします。 ② 息を出すとき、左右の口角をしっかりと上げて発音しましょう。
11	**v [v] ヴ** ① 上前歯で下唇を軽く噛み「ヴ」と声を漏らします。 ② 息を出すとき、左右の口角をしっかりと上げて発音しましょう。 ※ f（ルール 10）の口のかたちと同じです。

ルール	発音のしかた	
12	**s [s] ス** ① 上前歯の歯ぐきのそばに舌先を近づけます。 ※ 舌先は歯ぐきに触れないように気をつけましょう。 ② そのまま「ス」と息を出しましょう。 **ひとこと1** ss のように同じ子音が連なるものを重子音字と言います。 　　　　　なお、ss は s と読みます。	
13	**z [z] ズ** ① 上前歯の歯ぐきのそばに舌先を近づけます。 ※ 舌先は歯ぐきに触れないように気をつけましょう。 ② そのまま「ズ」と声を出しましょう。 ※ s（ルール 12）の口と同じかたちです。	
14	**z と読む s [z] ズ** ※ z（ルール 13）と同じ発音です。	
15	**l [l] ル** ① 上前歯の歯ぐきのそばに舌先を軽くあてます。 ② 舌先を離しながら、はっきり「ルッ」と声を出しましょう。 ※ 単語の終わりにくると「ゥ」のように聞こえます。 **ひとこと2** ss と同様に ll も重子音字なので、ll は l と読みます。	
16	**r [r] ウルッ** ① ひょっとこの口のように、唇を丸くすぼめます。 ② 舌先を口の中の天井に向けて巻き上げます。 ※ 舌先はどこにも触れません。 ③ 口を丸めたまま、「ゥルッ」と声を出しましょう。	
17	**x [ks] クス** ① のど奥の舌の付け根を持ち上げ、上あごにぴったりとくっつけます。 ② 舌の付け根を離し「クッ」と言ったあと、すぐに「ス」を足しましょう。 ※ x は 1 字 2 音と言い、つづり字は 1 つですが、k と s の 2 つの音でできています。	
18	**h [h] ハ** ① 大きく口を開けます。 ②「ハー」とたくさんの息をはき出します。	
19	**j [dʒ] ジュ** ① 上前歯の歯ぐきのそばに舌先を軽くあてます。 ② 強く「ジュ」と声を出しましょう。	
20	**w [w] ウッ** ① ひょっとこのように唇を丸めます。 ② そのまま「ウッ」と声を出しましょう。 ※「ウッ」と「ワッ」のあいだの音になります。 ※ w と r の口の形はよく似ています。どちらもポイントは「ひょっとこの口」です。	

1章 フォニックスの基本ルール

ルール	発音のしかた
21	**qu [kw] クゥッ** ① のど奥の舌の付け根を持ち上げ、上あごにぴったりとくっつけます。 ② ひょっとこのように唇を丸めます。 ③ 舌の付け根を上あごから離して「クゥッ」と声を出しましょう。 ※ qu の q は k の音です。 ※ q にはたいてい u が続くので、qu のまま覚えましょう。
22	**y [j] イヤ** ① 下準備として「嫌」を「イヤ・イヤ・イヤ」と3回声に出します。 ② 今度は、「嫌」の「ヤ」のほうを強く、「ィヤ」と一気に声を出しましょう。
23	**軟らかい c [s] ス** ※ s（ルール12）の口と同じ形です。 ※ c のあとに e, i, y が続くとき、柔らかい c になることが多い。
24	**軟らかい g [dʒ] ジュ** ※ j（ルール19）の口と同じ形です。 ※ g のあとに e, i, y が続くとき、柔らかい g になることが多い。

 発音練習 🎵

b	[b] [b] [b]	**bed** ベッド	**absent** 欠席で	**job** 仕事
p	[p] [p] [p]	**pen** ペン	**happy** 幸せな	**cup** カップ
硬い c	[k] [k] [k]	**cat** 猫	**corn** とうもろこし	**picnic** ピクニック
k	[k] [k] [k]	**king** 王様	**key** 鍵	**talk** 話す
硬い g	[g] [g] [g]	**get** 得る	**goat** ヤギ	**hug** 抱きしめる
t	[t] [t] [t]	**toy** おもちゃ	**hotel** ホテル	**best** 最もよい
d	[d] [d] [d]	**desk** 机	**dish** 皿	**head** 頭
m	[m] [m] [m]	**man** 男性	**lemon** レモン	**room** 部屋
n	[n] [n] [n]	**net** ネット	**friend** 友人	**run** 走る
f	[f] [f] [f]	**fan** 扇風機	**gift** 贈り物	**leaf** 葉
v	[v] [v] [v]	**van** バン（車）	**seven** 7	**above** 〜の上方に

s	[s] [s] [s]	**sun** 太陽	**say** 言う	**gas** ガス
z	[z] [z] [z]	**zoo** 動物園	**zero** 0	**zigzag** ジグザグの
zと読むs	[z] [z] [z]	**has** 〜を持っている	**is** 〜です	**lose** 失う
l	[l] [l] [l]	**lion** ライオン	**telephone** 電話	**bell** ベル
r	[r] [r] [r]	**red** 赤	**robot** ロボット	**ring** 指輪
x	[ks] [ks] [ks]	**six** 6	**fix** 固定する	**fox** キツネ
h	[h] [h] [h]	**hat** 帽子	**hot** 暑い	**hand** 手
j	[dʒ] [dʒ] [dʒ]	**Japan** 日本	**enjoy** 楽しむ	**jog** ジョギングをする
w	[w] [w] [w]	**west** 西	**wing** 羽	**anyway** とにかく
qu	[kw] [kw] [kw]	**quiet** 静かな	**queen** 女王	**quiz** クイズ
y	[j] [j] [j]	**yes** はい	**yellow** 黄色	**yarn** 毛糸
軟らかいc	[s] [s] [s]	**center** 中央	**city** 市	**rice** 米
軟らかいg	[dʒ] [dʒ] [dʒ]	**gentle** 優しい	**gem** 宝石	**ginger** ショウガ

② 1字つづりの母音

1字つづりの母音字をフォニックス読みするグループです。

> フォニックス読みのa・フォニックス読みのe・フォニックス読みのi・
> フォニックス読みのo・フォニックス読みのu

　短母音と言われるフォニックス読みの母音も1字1音が原則です。
　日本語の「あいうえお」とは違う微妙なニュアンスを持ったものばかりなので、しっ

1章　フォニックスの基本ルール

かりと発音練習をしましょう。なお、a, o, u の読みはカタカナで表すといずれも「ア」ですが、実際はそれぞれ違った音色を備えています（口のかたちもかなり異なります）。

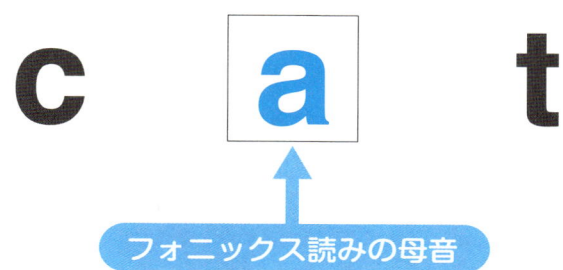

フォニックス読みの母音

ルール	発音のしかた
25	**フォニックス読みの a [æ] ア** ① 口角を横にピンと引き「エー」と音を伸ばします。 ② そのまま口を大きく開けていくと、「エ」が「ア」に変わるタイミングがあります。この変わり目の音が a です。
26	**フォニックス読みの e [e] エ** ① 口角を横にピンと引きます。 ② その口で「エ」と強く言いましょう。
27	**フォニックス読みの i [ɪ] イ** ① 口角を横に強くピンと引きます。 ② その口で短く「イ」と言います。 ※「イ」と「エ」の間の音になります。
28	**フォニックス読みの o [ɑ] ア** ① 指を縦に二本分、口を大きく開けましょう。 ※ あくびのイメージで。 ② そのまま「ア」と言いましょう。 ※ 若干「オ」の音色を含みます。
29	**フォニックス読みの u [ʌ] ア** ① 日本語の「あ」のように、自然に口を開きます。 ② のどの奥から「ア」と言いましょう。 ※ なお、つづり字は違いますが、what（なに）の a も同じ読みかたをします。

　発音練習 🎵 🎧

| フォニックス読みの a | [æ] [æ] [æ] | ant (アリ) | map (地図) | ham (ハム) |
| フォニックス読みの e | [e] [e] [e] | egg (卵) | pet (ペット) | rent (家賃) |

33

フォニックス読みの i	[ɪ] [ɪ] [ɪ]	ink インク	river 川	listen 聞く
フォニックス読みの o	[ɑ] [ɑ] [ɑ]	olive オリーブ	box 箱	lock 鍵をかける
フォニックス読みの u	[ʌ] [ʌ] [ʌ]	uncle おじ	study 勉強する	luck 幸運

③ 弱母音

弱いアクセントの母音のグループです。
弱く短く発音されたり、スピードがつくと音が落ちたりします。

> 弱い a・弱い e・弱い i ①・弱い i ②・弱い o・弱い u・
> 弱い ar / er / ir / or / ur

　1字つづりの母音がフォニックス読みやアルファベット読みになるのは、原則としてその文字に強いアクセントがくる場合です。
　一方、強いアクセント以外のところに母音字がきた場合、それらは弱母音となり、弱く短く、ときに音が落ちてしまいます。はっきりと聞こえないことも多く、日本人にとっては厄介な音であることは間違いありませんが、基本的には1字つづりの母音をベースにそれらを弱く短く言えばいいので、コツをつかんでしまえば難なく出せる音と言えるでしょう。
　実に、英単語の中で最も多い母音は弱母音とも言われています。しっかり練習をして自分のモノにしましょう。なお、1字つづりの母音（フォニックス読みの母音）と区別するために、発音練習コーナーでは弱母音字の色をグレーにしてあります。

1章　フォニックスの基本ルール

m e l o n

弱母音

ルール	発音のしかた
30	弱い a [ə] ア ①自然な口のかたちで、のどの奥から弱く短く「ァ」と言います。
31	弱い e [ə] エ ①自然な口のかたちで、のどの奥から弱く短く「ェ」と言います。
32	弱い i ① [ə] イ（ややゥ） ①自然な口のかたちで、のどの奥から弱く短く「ィ」と言います。 ※若干「ゥ」を足す感じで声を出しましょう。
33	弱い i ② [i] イ ①のどの奥から弱く短く「ィ」と言います。 ※ e とつづることもあります。 ※ 32 と 33 は音が似ています。
34	弱い o [ə] ア ①自然な口のかたちで、のどの奥から弱く短く「ァ」と言います。 ※弱くて小さい「ァ」と「ォ」の間の音に響きます。
35	弱い u [ə] ア ①自然な口のかたちで、のどの奥から弱く短く「ァ」と言います。
36	弱い ar / er / ir / or / ur [ər] ァr ①自然な口のかたちで、のどの奥から弱く短く「ァr」と言います。

発音練習 🎵 🎧

| 弱い a | [ə] [ə] [ə] | ago
前に | sofa
ソファー | around
〜のまわりに |
| 弱い e | [ə] [ə] [ə] | moment
瞬間 | hundred
100 | problem
問題 |

弱い i ①	[ə] [ə] [ə]	**ability** 能力	**animal** 動物	**possible** 可能な	
弱い i ②	[i] [i] [i]	**pumpkin** かぼちゃ	**rabbit** ウサギ	**tennis** テニス	
弱い o	[ə] [ə] [ə]	**melon** メロン	**polite** ていねいな	**pilot** パイロット	
弱い u	[ə] [ə] [ə]	**album** アルバム	**support** 支援する	**success** 成功	
弱い ar / er / ir / or / ur	[ər] [ər] [ər]	**particular** 特別な	**dancer** ダンサー	**confirmation** 確認	
		elevator エレベーター	**murmur** ぶつぶつ不平を言う		

二重子音字

2つの子音字で1つの新しい音を作るグループです。

> ch・sh・息の th・声の th・gh / ph・wh・ck・ng

　二重子音字は異なる2つの子音字が連なることで、新しい1つの音を作るグループです。

　息の th は s のフォニックス読みの音と、声の th は z のフォニックス読みの音とたいへん似ているので、しっかりと練習を行い、音の違いをマスターしましょう。

　なお、ck や ng のつづり字は語頭には現れません。また、gh や ph のように複数の文字で1字つづり字の子音（= f）と同じ読みかたをするものもあります。

1章　フォニックスの基本ルール

sh i p

← 二重子音字

ルール	発音のしかた
37	**ch [tʃ] チ** ① 上前歯の歯ぐきのそばに舌先を軽くあてます。 ② 舌先を離しながら「チ」と言うと、たくさんの息が出ます。
38	**sh [ʃ] シュ** ① 唇をすぼめます。 ② 上前歯の歯ぐきに舌先を近づけ、「シュッ」と息を出しましょう。 ※ 舌先は近づけるだけで、歯ぐきには触れません。 ※ なお、sure（確実な）の s も同じ読みかたをします。
39	**息の th [θ] ス** ① 口角をピンと引き上げ、笑顔を作ります。 ② 前歯で舌先を少し噛み「ス」と息を出しましょう。
40	**声の th [ð] ズ** ① 口角をピンと引き上げ、笑顔を作ります。 ② 前歯で舌先を少し噛み「ズ」と声を出しましょう。 ※ 息の th（ルール 39）と同じ口のかたちです。
41	**gh / ph [f] フ** ※ f（ルール 10）と同じ発音です。
42	**wh [hw] ウッ** ① hw の順番で発音します。h の要領で「ハ」と息をはき出します。 ② すぐに唇をひょっとこのように丸めて w を「ウッ」と声を出しましょう。 ※ 話者によっては h を読まない人もいます。その場合は②の w の音だけ発します。 **豆知識 1** whole や who など、wh + o のときは w を読みません。
43	**ck [k] ク** ※ 硬い c と同じ発音です。 **豆知識 2** ck は語中または語尾にくるつづり字で、語頭には現れません。

ルール	発音のしかた	
44	ng [ŋ] ング ① 舌の付け根を上あごにぴったりとくっつけ、息の流れを止めます。 ② 舌の付け根を離すとき、「ン」と鼻から声を抜き、短く「グッ」を添えます。 ※短くすばやく発音するのがポイントです。	

発音練習 CD4

ch	[tʃ] [tʃ] [tʃ]	cheese チーズ	chance 機会	church 教会
sh	[ʃ] [ʃ] [ʃ]	ship 船	shine 輝く	fish 魚
息の th	[θ] [θ] [θ]	thin 薄い	think 考える	teeth 歯（複数形）
声の th	[ð] [ð] [ð]	this これ	that あれ	bathe 風呂に入れる
gh / ph	[f] [f] [f]	photo 写真	graph グラフ	enough じゅうぶんな / laugh 笑う
wh	[hw] [hw] [hw]	what なに	where どこ	when いつ
ck	[k] [k] [k]	jacket ジャケット	pick 摘み取る	check チェックする
ng	[ŋ] [ŋ] [ŋ]	morning 朝	thing もの	sing 歌う

5 子音ブレンド

2文字または3文字が連なり、それぞれの音の特徴が残る子音のグループです。

> sの子音ブレンド・lの子音ブレンド・rの子音ブレンド・
> 3文字つづりの子音ブレンド

　二重子音字は2つの文字が新しい音を作るグループですが、子音ブレンドはそれぞれの子音の特徴を残すグループです。複数の子音字をバラバラにではなく、あくまで1音として読むのがポイントです。

1章　フォニックスの基本ルール

　子音ブレンドは親となる1字つづりの子音を中心に、sグループ、lグループ、rグループ、3文字つづりのグループに大別できます。子音と子音の間に母音を挟まず一気にすばやく読みましょう。

（1）sの子音ブレンド

「s + 子音字」を1音として発音します。sとそれに続く子音字を一気に読みます。

> st・sc / sk・sp・squ・sw・sm・sn

sk i

sの子音ブレンド

ルール	発音のしかた
45	**st [st] ストゥ** ①「ス」と息をはき、上の歯ぐきに舌先をあてます。 ② 一瞬、息の流れが止まります。 ③ 舌先を離しながら「ストゥッ」と息を出しましょう。
46	**sc / sk [sk] スク** ①「ス」と息をはき、のど奥の舌の付け根を持ち上げ、上あごにぴったりとくっつけます。 ② 一瞬、息の流れが止まります。 ③ 舌先を離しながら「クッ」と息をはき出しましょう。
47	**sp [sp] スプ** ①「ス」と息をはいたあと、唇を閉じます。 ② 一瞬、息の流れが止まります。 ③ 閉じている口を一気に開いて「プッ」と息を出します。

ルール	発音のしかた	
48	**squ [skw] スクゥ** ① 「ス」と息をはき、舌の付け根を上あごにぴったりとくっつけ、息の流れを止めます。 ② すぐに、ひょっとこのように唇を丸めます。 ③ 舌の付け根を上あごから離し「クウッ」と声を出しましょう。	
49	**sw [sw] スウ** ① 「ス」と息をはきます。 ② すぐに、唇をひょっとこのように丸めて「ウッ」と声を出します。	
50	**sm [sm] スム** ① 「ス」と息をはき、唇を閉じます。 ② すぐに、鼻から「ム」と声を出しましょう。	
51	**sn [sn] スヌ** ① 「スー」と息をはき、上の歯ぐきに舌先をあてます。 ② すぐに、舌先を離し鼻から「ヌ」と声を出しましょう。	

CD5 発音練習 🎵

st	[st] [st] [st]	**step** 段階	**sting** 刺すこと	**list** リスト	
sc / sk	[sk] [sk] [sk]	**school** 学校	**score** スコアー	**skate** スケート	**sky** 空
sp	[sp] [sp] [sp]	**speak** 話す	**spend** 過ごす	**grasp** 把握する	
squ	[skw] [skw] [skw]	**square** 正方形	**squeeze** 絞る	**squint** 横目で見る	
sw	[sw] [sw] [sw]	**swim** 泳ぐ	**sweat** 汗	**sweet** 甘い	
sm	[sm] [sm] [sm]	**smell** におい	**smile** 笑顔	**smoke** 煙	
sn	[sn] [sn] [sn]	**snow** 雪	**snail** かたつむり	**sneeze** くしゃみをする	

(2) l の子音ブレンド

「子音字 + l」を 1 音として発音します。子音字と l を一気に読みます。

cl・fl・pl・sl・bl・gl

1章　フォニックスの基本ルール

bl ue

↑
lの子音ブレンド

ルール	発音のしかた
52	**cl [kl] クル** ① 舌の付け根を上あごにぴったりとくっつけます。 ② 付け根を離しながら「ク」と息を出します。 ③ すぐに、舌先を上の歯ぐきにあて、離しながら「ルッ」と声を出しましょう。
53	**fl [fl] フル** ① 上前歯を下唇に軽くあて「フ」と息を出します。 ② すぐに、舌先を上の歯ぐきにあて、舌先を離しながら「ルッ」と声を出しましょう。
54	**pl [pl] プル** ① 口を閉じます。 ② 一気に口を開き「プ」と息を出します。 ③ すぐに、舌先を上の歯ぐきにあて、舌先を離しながら「ルッ」と声を出しましょう。
55	**sl [sl] スル** ①「ス」と息をはきます。 ② すぐに、舌先を上歯ぐきにあて、舌先を離しながら「ルッ」と声を出しましょう。
56	**bl [bl] ブル** ① 唇を閉じます。 ② 一気に開いて「ブッ」と声を出します。 ③ すぐに、舌先を歯ぐきの裏にあて、舌先を離しながら「ルッ」と声を出しましょう。
57	**gl [gl] グル** ① のど奥の舌の付け根を上あごにぴったりとくっつけます。 ② 付け根を離しながら「グ」と息を出します。 ③ すぐに、舌先を上の歯ぐきにあて、離しながら「ルッ」と声を出しましょう。

発音練習 CD6

cl	[kl] [kl] [kl]	**clean** きれいな	**cloud** 雲	**clock** 掛け時計
fl	[fl] [fl] [fl]	**fly** 飛ぶ	**flag** 旗	**floor** 床
pl	[pl] [pl] [pl]	**plane** 飛行機	**please** どうぞ	**plant** 植物
sl	[sl] [sl] [sl]	**slow** ゆっくりした	**sleep** 寝る	**slim** すらりとした
bl	[bl] [bl] [bl]	**black** 黒	**blend** 混合する	**blink** 点滅
gl	[gl] [gl] [gl]	**glass** グラス	**glad** 嬉しい	**glove** 手袋

(3) rの子音ブレンド

「子音 + r」を1音として発音します。子音字とrを一気に読みます。

> tr・cr・fr・pr・br・dr・gr

rは日本人が苦手とする音なので練習は念入りに。

dr ea m

rの子音ブレンド

1章　フォニックスの基本ルール

ルール	発音のしかた
58	**tr [tr] チュゥル** ① 舌先を上の歯ぐきにあてます。 ② 舌先を引いて「チュゥル」と声を出します。 ※ tr は「トゥル」よりも「チュゥル」に近い音に響きます。
59	**cr [kr] クゥル** ① のど奥の舌の付け根を上あごにぴったりとくっつけます。 ② 舌の付け根を離して「ク」と息を出します。 ③ すぐに、舌先を口の中の天井に向かって巻き上げ、「ゥル」と声を出しましょう。 ※ r のとき、舌先はどこにもつきません。
60	**fr [fr] フゥル** ① 上前歯を下唇に軽くあて「フー」と息を出します。 ② 舌先を口の中の天井に向けて巻き上げ、「ゥル」と声を出しましょう。 ※ r のとき、舌先はどこにもつきません。
61	**pr [pr] プゥル** ① 唇を閉じます。 ② 一気に開いて「プ」と息を出します。 ③ 舌先を口の中の天井に向けて巻き上げ、「ゥル」と声を出しましょう。 ※ r のとき、舌先はどこにもつきません。
62	**br [br] ブゥル** ① 唇を閉じます。 ② 一気に開いて「ブ」と声を出します。 ③ 舌先を口の中の天井に向かって巻き上げ、「ゥル」と声を出しましょう。 ※ r のとき、舌先はどこにもつきません。
63	**dr [dr] ジュゥル** ① 舌先を上の歯ぐきにあてます。 ② 舌先を奥に引いて「ジュゥル」と声を出します。 ※ dr は「ドゥル」よりも「ジュゥル」に近い音に響きます。
64	**gr [gr] グゥル** ① のど奥の舌の付け根を上あごにぴったりとくっつけます。 ② 舌の付け根を離して「グ」と声を出します。 ③ すぐに、舌先を口の中の天井に向かって巻き上げ、「ゥル」と声を出しましょう。 ※ r のとき、舌先はどこにもつきません。

CD 7　発音練習 🎵 🅒

tr	[tr] [tr] [tr]	**try** 試す	**tree** 木	**train** 電車
cr	[kr] [kr] [kr]	**create** 創造する	**cream** クリーム	**cross** 横切る
fr	[fr] [fr] [fr]	**free** 自由な	**frog** カエル	**fry** 揚げる

pr	[pr] [pr] [pr]	**price** 値段	**pride** プライド	**practice** 練習する
br	[br] [br] [br]	**bring** 持ってくる	**brother** 弟	**bread** パン
dr	[dr] [dr] [dr]	**dream** 夢	**dry** 乾燥した	**dress** ドレス
gr	[gr] [gr] [gr]	**green** 緑	**great** すごい	**grow** 成長する

(4) 3文字つづりの子音ブレンド

3文字の子音ブレンド音です。

> spl・spr・thr・str・scr

2文字つづりのグループと同じように、文字と文字の間に母音を挟まず発音しましょう。

spr i ng

3文字つづりの子音ブレンド

1章 フォニックスの基本ルール

ルール	発音のしかた
65	**spl [spl] スプル** ①「ス」と息をはき、唇を閉じます。 ② 一瞬、息の流れが止まります。 ③ 口を一気に開いて「プ」と息を出します。 ④ すぐに、舌先を上の歯ぐきにあて、舌先をはじきながら「ルッ」と声を出しましょう。 ※ 3文字を一気に読みます。
66	**spr [spr] スプゥル** ①「ス」と息をはき、口を閉じます。 ② 一瞬、息の流れが止まります。 ③ 口を一気に開いて「プ」と息を出します。 ④ すぐに、舌先を口の中の天井に向けて巻き上げ、「ゥル」と声を出しましょう。 ※ 3文字を一気に読みます。
67	**thr [θr] スゥル** ① 前歯で舌先を少し噛み「ス」と息を出します。 ② すぐに、舌先を口の中の天井に向かって巻き上げ、「ゥル」と声を出しましょう。 ※ thr は3文字ですが、音は th と r の2つです。
68	**str [str] スチュゥル** ①「ス」と息をはき、舌先を上の歯ぐきにあてます。 ② 舌先を引いて「チュゥル」と声を出します。 ※ tr は「トゥル」よりも「チュゥル」に近い音に響きます。
69	**scr [skr] スクゥル** ①「ス」と息をはき、舌の付け根をのどの奥の上あごにあてます。 ② 一瞬、息の流れが止まります。 ③ 舌の付け根を上あごから離し「ク」と息を出します。 ④ すぐに、舌先を口の中の天井に向かって巻き上げ、「ゥル」と声を出しましょう。 ※ 3文字を一気に読みます。

発音練習

spl	[spl] [spl] [spl]	**splinter** とげ	**split** 分割した	**splendid** すばらしい
spr	[spr] [spr] [spr]	**spring** 春	**sprout** 芽が出る	**spray** スプレー
thr	[θr] [θr] [θr]	**throw** 投げる	**three** 3	**throat** のど
str	[str] [str] [str]	**strong** 強い	**street** 通り	**straight** まっすぐな
scr	[skr] [skr] [skr]	**screen** スクリーン	**scream** 叫ぶ	**scratch** 引っかく

6 母音ペア①

2つの母音字が並ぶとき、最初の文字をアルファベット読みするグループです。

ai / ay・ie ①・ie ②・ue / ui・ea / ee・oa / ow

　母音ペア①は、2つの母音字のうち最初のほうだけをアルファベット読みします。なお、ie だけは読みかたが2通りあり、i と e をそれぞれアルファベット読みします。
　母音ペア①のルールを学ぶと、例えば、なぜ meet（会う）と meat（肉）が同じ読みかたなのかが分かり、大変勉強になりますよ（いずれも下線部の最初のつづり字をアルファベット読みしています）。目からウロコのルールです！

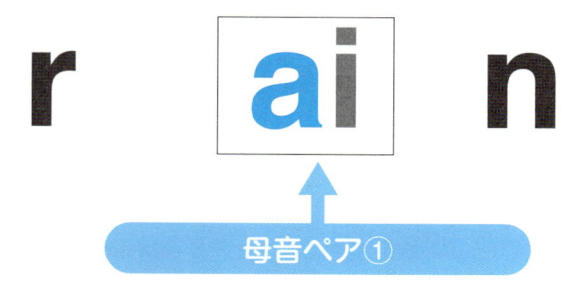

r **ai** n

↑
母音ペア①

ルール	発音のしかた	
70	**ai / ay [ei] エィ** ★ a のアルファベット読みをします。 ① 日本語の「え」よりも唇をピンと引き、強くはっきり「エ」と言います。 ② 軽く「ィ」を足して「エィ」と言います。 ※ ai のうち、読むのは a のほうです。 豆知識3　cater（料理をまかなう）などの a も「エィ」と読みます。	

1章　フォニックスの基本ルール

ルール	発音のしかた
71	**ie ① [iː] イー** ★ e のアルファベット読みをします。 ① 口を横に強くピンと引きます。 ②「イー」と音を伸ばします。 ※ ie のうち、読むのは e のほうです。
72	**ie ② [ai] アイ** ★ i のアルファベット読みをします。 ① 日本語の「あ」よりも、やや大きめに口を開け、はっきり「ア」と言います。 ② 軽く「ィ」を足して「アィ」と言いましょう。 ※ ie のうち、読むのは i のほうです。 豆知識4　I（私は）や kind（親切な）の i も「アィ」と読みます。
73	**ue / ui [uː] ウー　ue[juː] ユー** ★ u のアルファベットを読みをします。 ※ ue と ui には 2 つの音があります。 ① 唇を突き出し「ウー」と音を伸ばします。 ② 日本語の「ゆ」の口で「ユー」と音を伸ばします。 ※ ue, ui のうち、読むのは u のほうです。 豆知識5　used to（以前は〜でした）や music（音楽）の u も「ユー」と読みます。
74	**ea / ee [iː] イー** ★ e のアルファベット読みをします。 ① 口角を横に強くピンと引きます。 ②「イー」と音を伸ばします。 ※ ea, ee のうち、読むのは e のほうです。ee は同じつづり字が続きますが、最初の e を読むと決めておくとよいでしょう。 豆知識6　be（〜です）の e も「イー」と読みます。
75	**oa / ow [ou] オゥ** ★ o のアルファベット読みをします。 ① 日本語の「お」よりも口をすぼめ、はっきり「オ」と言います。 ② 軽く「ゥ」を足して「オゥ」と言いましょう。 ※ oa, ow のうち、読むのは o のほうです。 豆知識7　don't（do not の短縮形）や go（行く）の o も「オゥ」と読みます。

CD 9　発音練習

ai / ay	[ei] [ei] [ei]	**rain** 雨	**aim** 目標	**day** 日	**play** 遊ぶ
ie ①	[iː] [iː] [iː]	**field** 野原	**piece** 一片	**chief** チーフ	
ie ②	[ai] [ai] [ai]	**pie** パイ	**tie** ネクタイ	**lie** 横たわる	
ue / ui	[uː] [uː] [uː]	**glue** 接着剤	**blue** 青	**fruit** 果物	**suit** スーツ

ue	[juː] [juː] [juː]	**cue** 合図	**fuel** 燃料	**due** 〜する予定である
ea / ee	[iː] [iː] [iː]	**read** 読む	**meat** 肉	**need** 必要だ	**weed** 雑草
oa / ow	[ou] [ou] [ou]	**boat** ボート	**road** 道	**low** 低い	**know** 知っている

7 母音ペア②

2つの母音字が1つの新しい音を作るグループです。

> oi / oy・ou / ow・ew・ei・短い oo・長い oo・au / aw

　母音ペア②は2つの文字が1つの新しい音を作るというものです。母音ペア①は2つの母音字のうち最初の文字をアルファベット読みしますが、母音ペア②は連続する2つの文字を新しい音として読むという特徴があります。

　なお、ow のつづり字には「オゥ」と「アゥ」の2つの読みかたがあり（一見、ちょっとややこしいのですが…）、それぞれの読みかたの割合はほぼ半々といわれています。ow を「オゥ」を読むのは母音ペア①に出てきた o のアルファベット読みですね。例えば、know の ow は「オゥ」（母音ペア①）ですが、k をとって now にすると「アゥ」（母音ペア②）になります。

1章　フォニックスの基本ルール

b oy

母音ペア②

ルール	発音のしかた
76	**oi / oy [ɔi] オィ** ① 日本語の「お」よりも唇をすぼめ、はっきり「オ」と言います。 ② 軽く「ィ」を足して「オィ」と言いましょう。
77	**ou / ow [au] アゥ** ① 口を大きく開き、はっきり「ア」と言います。 ② 軽く「ゥ」を足して「アゥ」と言いましょう。
78	**ew [uː] ウー　ew [juː] ユー** ★ u のアルファベットを読みをします。 ※ ew には2つの音があります。 ① 唇を突き出し「ウー」と音を伸ばします。 ② 日本語の「ゆ」の口で「ユー」と音を伸ばします。
79	**ei [ei] エィ** ★ a のアルファベット読みをします。 ① 日本語の「え」よりも口角をピンと引き、強くはっきり「エ」と言います。 ② 軽く「ィ」を足して「エィ」と言いましょう。
80	**短い oo [u] ウ** ① 唇をすぼめます。 ② のどの奥から「ウ」と短く声を出します。
81	**長い oo [uː] ウー** ① 唇をすぼめます。 ② 唇のかたちが崩れないように気をつけながら、「ウー」と音を伸ばします。
82	**au / aw [ɔː] オー** ① 口を大きく開きます。 ② その口のかたちで「オー」と音を伸ばします。 ※ 若干「アー」の音色が響きます。

CD10 発音練習 🎵 e

oi / oy	[ɔi] [ɔi] [ɔi]	**oil** 油	**coin** 硬貨	**boy** 少年	**enjoy** 楽しむ
ou / ow	[au] [au] [au]	**town** 街	**cow** 牛	**house** 家	**mouse** ネズミ
ew	[uː] [uː] [uː]	**chew** ～をかむ	**blew** blow(風が吹く)の過去形		**grew** grow(成長する)の過去形
ew	[juː] [juː] [juː]	**few** 少数	**stew** シチュー	**nephew** 甥	
ei	[ei] [ei] [ei]	**eight** 8	**weight** 重さ	**neighbor** 近所	
短い oo	[u] [u] [u]	**book** 本	**look** 見る	**wood** 木材	
長い oo	[uː] [uː] [uː]	**moon** 月	**pool** プール	**spoon** スプーン	
au / aw	[ɔː] [ɔː] [ɔː]	**auction** オークション	**August** 8月	**law** 法律	**hawk** タカ

⑧ rのついた母音

母音に r がつき、母音と r のブレンド音を作るグループです。
全体的にややくぐもった響きになります。

```
ar・or / ore・er / ir / ur・air / are / ear ①・ear ②・eer / ere / ier・ire・
our / ower・oor / ure
```

　rのついた母音は、r の文字が a や o、ai や ea などの母音字のあとにくっついて r と母音のブレンド音を作ります。音全体が r の影響を受けるため、全体的にくぐもった響きになります。
　なお、or と ore は同じ音です。これは"語末の e は読まない"というつづり字のルールが反映されたものです。

1章　フォニックスの基本ルール

c ar

rのついた母音

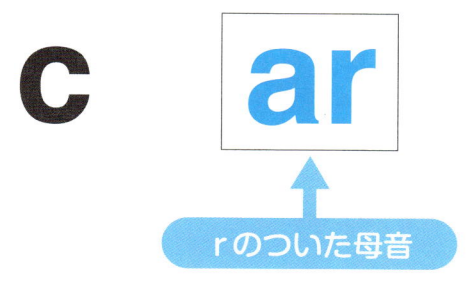

ルール	発音のしかた
83	**ar [ɑːr] ア r** ① 口を大きく開きます。 ② あごを動かさずに「アー」と言いながら、舌先を口の中の天井に向けて巻き上げます。 ※ 舌先はどこにもつきません。 ③ くぐもった「r」が語尾に響きます。
84	**or / ore [ɔːr] オア r** ① 日本語の「お」よりも唇をすぼめます。 ② そのままの口のかたちで「オー」と言いながら、舌先を口の中の天井に向けて巻き上げます。 ③ くぐもった「ア r」が語尾に響きます。
85	**er / ir / ur [əːr] ア r** ① リラックスした状態で、自然に口を開きます。 ② 舌全体に力を込め、舌先を少し上をそり上げ「ア」と言います。 ※「ア」と「ウ」の間ぐらいのくぐもった音になります。
86	**air / are / ear ① [ɛər] エア r** ① 口角を横に強くピンと引きます。 ② そのままの口のかたちで「エァ」と言いながら、舌先を口の中の天井に向けて巻き上げます。 ③ くぐもった「ア r」が語尾に響きます。 ※ where（どこ）の ere も同じ読みかたをします。
87	**ear ② [iər] イア r** ① 口角を横に引き「イァ」と言いながら、舌先を口の中の天井に向けて巻き上げます。 ② くぐもった「ア r」が語尾に響きます。
88	**eer / ere / ier [iər] イア r** ★ ear ②（ルール 87）と同じ音です。 ① 口角を横に引き「イァ」と言いながら、舌先を口の中の天井に向けて巻き上げます。 ② くぐもった「ア r」が語尾に響きます。

ルール	発音のしかた
89	**ire** [aiər] アイアr ① 口を大きく開けて「アィ」と言いながら、舌先を口の中の天井に向けて巻き上げます。 ② くぐもった「アr」が語尾に響きます。
90	**our / ower** [auər] アウアr ① 大きく口を開け「アゥ」と言います。 ② 舌の先を口の中の天井に向けて巻き上げます。 ③ くぐもった「アr」が語尾に響きます。
91	**oor / ure** [uər] ウアr ① 大きく口を開け「ウァ」と言います。 ② 舌の先を口の中の天井に向けて巻き上げます。 ③ くぐもった「アr」が語尾に響きます。 ※ your（あなたの）の our も同じ読みかたをします。

CD 11 発音練習

ar	[ɑːr] [ɑːr] [ɑːr]	**car** 車	**park** 公園	**star** 星	
or / ore	[ɔːr] [ɔːr] [ɔːr]	**short** 短い	**port** 港	**more** もっと多い	**fore** 前方の
er / ir / ur	[əːr] [əːr] [əːr]	**term** 期間	**third** 3番目	**turn** 回す	
air / are / ear ①	[ɛər] [ɛər] [ɛər]	**fair** 公平な	**rare** 珍しい	**bear** 熊	
ear ②	[iər] [iər] [iər]	**fear** 恐れ	**dear** 親愛なる	**rear** うしろ	
eer / ere / ier	[iər] [iər] [iər]	**cheer** 応援	**here** ここに	**cashier** レジ係	
ire	[aiər] [aiər] [aiər]	**fire** 火	**tire** 疲れさせる	**admire** 賞賛する	
our / ower	[auər] [auər] [auər]	**hour** 時間	**flour** 小麦粉	**flower** 花	**tower** タワー
oor / ure	[uər] [uər] [uər]	**poor** 貧しい	**moor** 荒れ地	**sure** 確実な	**cure** （病気を）治す

9 サイレントE

語尾が「母音＋子音＋e」のとき、母音をアルファベット読みし、e は発音しないグルー

1章　フォニックスの基本ルール

プです。

> a_e・i_e・o_e・u_e・e_e

　語末の e を読まないことから、サイレント E（静かな E）と呼ばれています。また、e を取ると、母音がアルファベット読みからフォニックス読みに変わるというユニークな特徴を持っています。

　例えば、fine [fain]（よい）の e を取ると fin [fin]（ヒレ）に、mane [mein]（たてがみ）の e を取ると man [mæn]（男性）になります。

　ひとこと3　なお、because の e のように、現代英語のほとんどのつづり字において、語末の e は読みませんのであわせて覚えておきましょう。

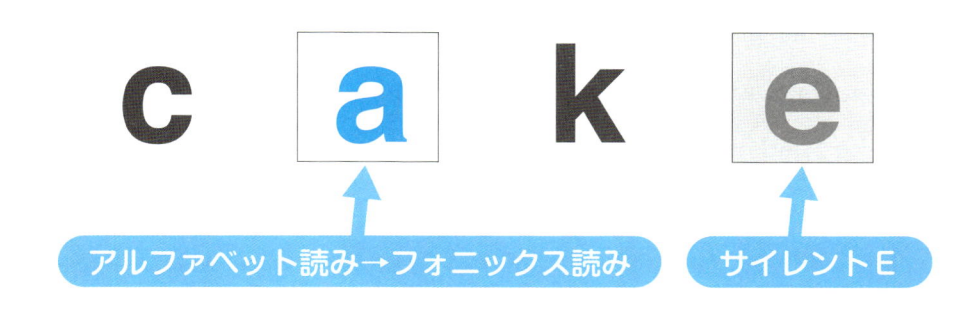

c **a** k **e**

アルファベット読み→フォニックス読み　　サイレントE

ルール	発音のしかた
92	**a_e [ei] エィ** ★ a のアルファベット読みをします。 ① 日本語の「え」よりも口角をピンと引き、強くはっきり「エ」と言います。 ② 軽く「ィ」を足して「エィ」と言いましょう。
93	**i_e [ai] アィ** ★ i のアルファベット読みをします。 ① 日本語の「あ」よりも、やや大きめに口を開け、はっきり「ア」と言います。 ② 軽く「ィ」を足して「アィ」と言いましょう。
94	**o_e [ou] オゥ** ★ o のアルファベット読みをします。 ① 日本語の「お」よりも唇をすぼめ、はっきり「オ」と言います。 ② 軽く「ゥ」を足して「オゥ」と言いましょう。

ルール	発音のしかた
95	**u_e [uː] ウー　u_e [juː] ユー** ★uのアルファベットを読みをします。 ※u-eには2つの音があります。 ① 唇を突き出し「ウー」と音を伸ばします。 ② 日本語の「ゆ」の口で「ユー」と音を伸ばします。
96	**e_e [iː] イー** ★eのアルファベット読みをします。 ① 口角を横に強くピンと引きます。 ②「イー」と音を伸ばします。

CD 12 発音練習 🎵 🌐

a_e	[ei] [ei] [ei]	**make** 作る	**late** 遅い	**wave** 波
i_e	[ai] [ai] [ai]	**five** 5	**time** 時間	**wine** ワイン
o_e	[ou] [ou] [ou]	**home** 家	**stone** 石	**role** 役割
u_e	[uː] [uː] [uː]	**rule** 法則	**flute** フルート	**include** 〜を含む
u_e	[juː] [juː] [juː]	**huge** 巨大な	**cube** 立方体	**amuse** 楽しませる
e_e	[iː] [iː] [iː]	**eve** 前夜	**scene** 場面	**theme** テーマ

❿ その他のルール

その他の準ルールグループです。

> 語末の y・ly / lly・al / all・si・i のみ読む igh・u のみ読む oul
> 音を伸ばす a・音を伸ばす o / ou

　英語のつづり字を細かく掘り下げていくと、実に様々なルールによって構成されていることが分かります。

例えば i のみ読む igh（high や night）や、u のみ読む oul（could や would）などは、少数派のルールといえますが、基本的な単語のなかにちょこちょこ出てきますので、準ルールとして入れてあります。

ルール	発音のしかた
97	**語末の y [ai] アィ** ★ i のアルファベット読みをします。 ① 日本語の「あ」よりも、やや大きめに口を開け、はっきり「ア」と言います。 ② 軽く「ィ」を足して「アィ」と言います。 ※ 特に語尾に y がくるときの読みかたです。
98	**ly / lly [li] リィ** ① 上の歯ぐきに舌先を軽くあてます。 ② 舌先を離しながら「リィ」と言いましょう。 ※ ly や lly の y は母音の読み方です。
99	**al / all [ɔːl] オーゥ** ① 口を大きく開けます。 ② そのままの口のかたちで「オー」と音を伸ばします。 ※ 若干「アー」の音色が響きます。 ③ 語尾に軽く「ゥ」を足しましょう。 ※ a の部分は母音ペア②の au や aw と同じ読みかたです。
100	**si [ʒ] ヂュ** ※ si は二重子音字の sh の口と同じです。 ① 唇をすぼめます。 ② 上前歯の歯ぐきに舌先を近づけ、「ヂュ」と言いましょう。 ※ 舌先は近づけるだけで、歯ぐきには触れません。
101	**i のみ読む igh [ai] アィ** ★ i のアルファベット読みをします。 ① 日本語の「あ」よりも口角をピンと引き、強くはっきり「ア」と言います。 ② 軽く「ィ」を足して「アィ」と言います。 ※ igh のとき、gh は読みません。
102	**u のみ読む oul [u] ウ** ① 唇をすぼめます。 ② のどの奥から「ウ」と短く言います。 ※ 短い oo と同じ音ですが、この読み方をする oul の数は多くありません。
103	**音を伸ばす a [ɑː] アー** ① 口を大きく開け「アー」と音を伸ばします。 ② のどの奥から声を伸ばしていくイメージを持つとよいでしょう。 ※ calm（静かな）や palm（手のひら）の l は読みません。

ルール	発音のしかた
104	**音を伸ばす o / ou [ɔː] オー** ① 口を大きく開けます。 ② そのままの口のかたちで「オー」と音を伸ばします。 ※ 若干「アー」の音色が響きます。 ※ 母音ペア②の au や aw と同じ読み方です。 豆知識8 ou + ght のとき、gh の文字は読みません。

CD 13 発音練習

語末の y	[ai] [ai] [ai]	**why** 何故	**sky** 空	**cry** 泣く	
ly / lly	[li] [li] [li]	**quickly** 速く	**shortly** まもなく	**really** 本当に	
		naturally 自然に			
al / all	[ɔːl] [ɔːl] [ɔːl]	**almost** ほとんど	**already** すでに	**small** 小さい	**call** 電話
si	[ʒ] [ʒ] [ʒ]	**invasion** 侵略	**vision** 視覚	**decision** 決断	
i のみ読む igh	[ai] [ai] [ai]	**high** 高い	**tight** (服が)きつい	**night** 夜	
u のみ読む oul	[u] [u] [u]	**could** 〜できた	**would** 〜だっただろう	**should** 〜すべきだ	
音を伸ばす a	[ɑː] [ɑː] [ɑː]	**father** 父	**calm** 穏やかな	**palm** 手のひら	
音を伸ばす o / ou	[ɔː] [ɔː] [ɔː]	**soft** やわらかい	**cost** 価格	**ought** 〜する義務がある	
		bought buy（買う）の過去形			

2章

60のフレーズでフォニックス・リズム音読

CD 14 ▶ CD 73

2章では、日常会話で使える 60 のフレーズによるフォニックス・リズム音読を行います。もちろん1章で学んだ基本ルールを意識しながら行ってください。

その結果、回を重ねるごとに、ずばり！ あなたの英語の発音は美しく正しくなっていきます。

同時に、日本語で考えなくても、英語を英語のまま受け入れる思考も備わってくるはずです。

1
about to〜

（〜しようとしている）

　about to はこれからまさにしようとしている行動や、直前の動作を伝えるときに使うフレーズです。「今やろうと思っていたのに」は I was just **about to** do it. のように言います（ちょっとした言いわけにも使えますね…）。

　to のうしろには動詞の原形をつけましょう。なお、ab<u>ou</u>t の ou と同じく、c<u>ow</u> や t<u>ow</u>n の ow も「アゥ」と発音します。

1-1 フォニックス・ルールと音のチェック

単語	発音記号	フォニックス・ルール	ルール番号
about	[ə]	弱い a	p.35-30
	[b]	1字子音の b	p.28-1
	[au]	母音ペア②の ou	p.49-77
	[t]	1字子音の t	p.29-6
to	[t]	1字子音の t	p.29-6
	[ə]	弱い o	p.35-34

Memo

1-2 フォニックス耳のツボ 🎵 🅔

★ tが連続すると、最初のtの音は落ちる

▼　　　×
a **b o u** t t o
ア　バ　ウ　★　トゥ

だから、こんな風に聞こえる！

アバウトゥ

1-3 レッツ！ 基本のフレーズ音読 🎵 🅔

about to
about to
about to
about to
（again）
about to
about to
about to
about to

1-4 会話に役立つフォニックス・リズム音読 🎵 ⓔ

Easy Level（初級）★★★　　かんたん、かんたん！

① I'm **about to** go.

② He's **about to** run.

③ She's **about to** swim.

④ We're **about to** board.

① 今、行こうとしています。
② 彼は走りだそうとしています。
③ 彼女は泳ごうとしています。
④ 私たちは搭乗するところです。

Medium Level（中級）★★★　　ちょっとコツが必要！

⑤ I was **about to** say so.

⑥ I was **about to** call you.

⑦ She was **about to** go out.

⑧ We were **about to** catch a taxi.

⑤ そう言おうとしていたところです。
⑥ あなたに電話しようとしていたところです。
⑦ 彼女はまさに外出しようとしていました。
⑧ 私たちはまさにタクシーを捕まえようとしていました。

2章 60のフレーズでフォニックス・リズム音読

Challenge Level（上級） ★★★〜★★★　これが言えたらカンペキ！

⑨　I was just **about to** spill the beans.

⑩　Jack was **about to** leave the office.

⑪　Ed was **about to** fall off the chair.

⑫　I was **about to** do my homework.

⑨　あやうく秘密をばらすところでした。
⑩　ジャックは会社を出ようとしていました。
⑪　エドはイスから落ちる寸前でした。
⑫　私は宿題をしようとしていたところでした。

会話でフレーズを使ってみよう 1

A: Henry called me when I was just **about to** pick up the phone.

B: What a coincidence!

A: 受話器を取り上げようとしたら、まさにヘンリーから電話がかかってきたの。
B: すごい偶然だね！

2
It can't be～

（～のはずがない）

「そんなのありえない」「信じられない」といった驚きを表す表現です。be のあとには形容詞や過去分詞などが続きます。**It can't be** の it は、あえて「それは」と訳さなくても大丈夫です。

can't は、米語では「キャント」、イギリス英語では「カーント」と発音されます。もちろんどちらで読んだとしても、ちゃんと通じるので疎通上の問題はありません。

2-1 フォニックス・ルールと音のチェック

単語	発音記号	フォニックス・ルール	ルール番号
It	[i]	弱い i ②	p.35-33
	[t]	１字子音の t	p.29-6
can't	[k]	１字子音の硬い c	p.29-3
	[æ]	フォニックス読みの a	p.33-25
	[n]	１字子音の n	p.29-9
	[t]	１字子音の t	p.29-6
be	[b]	１字子音の b	p.28-1
	[iː]	アルファベット読みの e	p.47-豆知識6

2-2 フォニックス耳のツボ 🎵 🅒

① tに硬いcが続くと、tの音が落ちる
② tにbが続くと、tの音が落ちる

× ▼ ×
i t **c a n'** t b e
イッ ① キャン ② ビィ

だから、こんな風に聞こえる！

⬇

イッ**キャン**ビィ

2-3 レッツ！ 基本のフレーズ音読 🎵 🅒

it can't be
it can't be
it can't be
it can't be
（again）
it can't be
it can't be
it can't be
it can't be

2-4 会話に役立つフォニックス・リズム音読

Easy Level（初級） ★★★　　かんたん、かんたん！

① **It can't be** true.
② **It can't be** done.
③ **It can't be** found.
④ **It can't be** helped.

① 真実のはずがない。
② なるわけがない。
③ 見つかるはずがない。
④ しょうがない。

Medium Level（中級） ★★★　　ちょっとコツが必要！

⑤ **It can't be** eaten.
⑥ **It can't be** denied.
⑦ **It can't be** that bad.
⑧ **It can't be** all wrong.

⑤ 食べられるはずがない。
⑥ 否定できない。
⑦ そんなにひどいわけがない。
⑧ すべて間違いのはずがない。

2章　60のフレーズでフォニックス・リズム音読

Challenge Level（上級） ★★★〜★★★　これが言えたらカンペキ！

⑨ **It can't be** seen from here.

⑩ **It can't be** taught too early.

⑪ **It can't be** achieved in one night.

⑫ **It can't be** easy to ask Jack.

⑨　ここから見えるはずがない。
⑩　教育に早すぎることはない。
⑪　一晩で成し遂げられるわけがない。
⑫　ジャックに聞くのは楽ではないだろう。

会話でフレーズを使ってみよう 2

A: I heard Jack and Amy broke up.

B: **It can't be!**

A: ジャックとエイミー、別れたんだって。
B: まさか！

Memo

3
Don't forget to～

（～するのを忘れないで）

　Don't で始まる否定命令文です。please をつけると少しやわらかい響きになります。to のあとには<u>動詞の原形</u>がきます。forget のあとに不定詞が続くと「～するのを忘る」、動名詞が続くと「～したことを忘れる」という意味になります。なお、D<u>o</u>n't の o は「オ」ではなく二重母音の「オゥ」なので注意しましょう。

3-1 フォニックス・ルールと音のチェック

単語	発音記号	フォニックス・ルール	ルール番号
Don't	[d]	１字子音の d	p.29-7
	[ou]	アルファベット読みの o	p.47-豆知識 7
	[n]	１字子音の n	p.29-9
	[t]	１字子音の t	p.29-6
forget	[f]	１字子音の f	p.29-10
	[ər]	弱い or	p.35-36
	[g]	１字子音の硬い g	p.29-5
	[e]	フォニックス読みの e	p.33-26
	[t]	１字子音の t	p.29-6
to	[t]	１字子音の t	p.29-6
	[ə]	弱い o	p.35-34

3-2 フォニックス耳のツボ 🎵 ⓒ

① t に f が続くと、t の音が落ちる
② t が連続すると、最初の t の音は落ちる

[o u]　　×　　　　　　　▼　　×
D o n't　f o r　g e t　t o
ドゥン　①　フォ　**ゲ**　ッ　②　トゥ

だから、こんな風に聞こえる！

⬇

ドゥンフォ**ゲ**ッ トゥ

3-3 レッツ！ 基本のフレーズ音読 🎵 ⓒ

Don't forget to
Don't forget to
Don't forget to
Don't forget to
（again）
Don't forget to
Don't forget to
Don't forget to
Don't forget to

3-4 会話に役立つフォニックス・リズム音読

Easy Level（初級） ★★★　　かんたん、かんたん！

① **Don't forget to** say.
② **Don't forget to** write.
③ **Don't forget to** call.
④ **Don't forget to** check.

① 言うのを忘れないでね。
② 手紙を書くのを忘れないでね。
③ 電話するのを忘れないでね。
④ 確認するのを忘れないでね。

Medium Level（中級） ★★★　　ちょっとコツが必要！

⑤ **Don't forget to** meet Bob.
⑥ **Don't forget to** return it.
⑦ **Don't forget to** remind me.
⑧ **Don't forget to** lock the door.

⑤ ボブに会うのを忘れないでね。
⑥ 返却するのを忘れないでね。
⑦ 私に忘れずに念押ししてね。
⑧ ドアに鍵をかけるのを忘れないでね。

2章　60のフレーズでフォニックス・リズム音読

Challenge Level（上級） ★★★〜★★★　これが言えたらカンペキ！

⑨　**Don't forget to** set the alarm.

⑩　**Don't forget to** water the plants.

⑪　**Don't forget to** bring your passport.

⑫　**Don't forget to** send him a thank-you letter.

⑨　アラームのセットを忘れないでね。
⑩　植物の水やりを忘れないでね。
⑪　パスポートを持ってくるのを忘れないでね。
⑫　感謝の手紙を彼に送るのを忘れないでね。

会話でフレーズを使ってみよう3

A: **Don't forget to** set the alarm clock for 5:15 a.m.

B: Or maybe for 4:30, just to be safe. Our flight is at 7:30, you know.

A: 5時15分に目覚まし時計をセットするのを忘れないで。
B: 念のため、4時半のほうがいいかもね。フライトは7時半だから。

4

I'm going to〜

（〜するつもりです）

toのあとには<u>動詞の原形</u>が続き、すでに決まっている予定や計画を表します。

I'm going to go to work.（出勤します）のように、goが重なるときは **I'm going to** work. ということもできます。また、日常会話では going to がくっついたバージョンの gonna（ガナ）がよく使われます。ただし、書き言葉ではなく、あくまでインフォーマルな場面の話し言葉として覚えておきましょう。

4-1 フォニックス・ルールと音のチェック

単語	発音記号	フォニックス・ルール	ルール番号
I'm	[ai]	アルファベット読みのi	p.47-豆知識4
	[m]	1字子音のm	p.29-8
going	[g]	1字子音の硬いg	p.29-5
	[ou]	アルファベット読みのo	p.47-豆知識7
	[i]	弱いi②	p.35-33
	[ŋ]	二重子音字のng	p.38-44
to	[t]	1字子音のt	p.29-6
	[ə]	弱いo	p.35-34

2章　60のフレーズでフォニックス・リズム音読

4-2 フォニックス耳のツボ 🎵 ℮

★　カタカナ発音に注意！
going の o は「オー」ではなく「オゥ」と読む

▼
★[o u]
I'm g o i ng t o
アィム　ゴゥ　イン　トゥ

だから、こんな風に聞こえる！

アィム**ゴゥ**イントゥ

4-3 レッツ！ 基本のフレーズ音読 🎵 ℮

I'm going to
I'm going to
I'm going to
I'm going to
（again）
I'm going to
I'm going to
I'm going to
I'm going to

4-4 会話に役立つフォニックス・リズム音読

Easy Level（初級） ★★★　　かんたん、かんたん！

① **I'm going to** cry.
② **I'm going to** pay.
③ **I'm going to** leave.
④ **I'm going to** sing.

① 今にも泣き出しそうです。
② 私が支払います。
③ 出発します。
④ 歌います。

Medium Level（中級） ★★★　　ちょっとコツが必要！

⑤ **I'm going to** cook lunch.
⑥ **I'm going to** buy a house.
⑦ **I'm going to** pack the bags.
⑧ **I'm going to** study abroad.

⑤ ランチを作るつもりです。
⑥ 家を購入するつもりです。
⑦ カバンに荷物を詰めるつもりです。
⑧ 留学するつもりです。

2章　60のフレーズでフォニックス・リズム音読

Challenge Level（上級） ★★★〜★★★　これが言えたらカンペキ！

⑨　**I'm going to** move next month.

⑩　**I'm going to** have a baby soon.

⑪　**I'm going to** propose to her tonight.

⑫　**I'm going to** travel around the world.

⑨　来月引っ越しをするつもりです。
⑩　間もなく子供が生まれます。
⑪　今晩、彼女にプロポーズをするつもりです。
⑫　世界一周旅行をするつもりです。

会話でフレーズを使ってみよう 4

A: **I'm going to** tell you a big secret.

B: OK, let me take a deep breath first!

A: これからびっくりするような秘密をお話します。
B: オーケー。まず、深呼吸させてくれ！

Memo

5
had to～

（～しなければならなかった）

had to は have to（～しなければならない）の過去形です。to のあとには動詞の原形がきます。なお、I had to は使う状況によっては "（自分はそうしたくなかったけど）選択の余地がなかったので、そうせざるを得なかった" というニュアンスを持つため、少し言い訳のように聞こえることがあります。

5-1 フォニックス・ルールと音のチェック

単語	発音記号	フォニックス・ルール	ルール番号
had	[h]	１字子音の h	p.30-18
	[æ]	フォニックス読みの a	p.33-25
	[d]	１字子音の d	p.29-7
to	[t]	１字子音の t	p.29-6
	[ə]	弱い o	p.35-34

Memo

5-2 フォニックス耳のツボ 🎵 🅔

★ dにtが続くと、dの音が落ちる

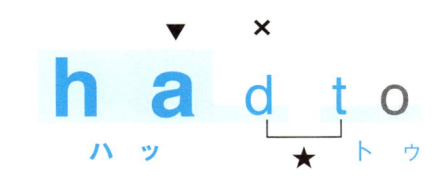

▼　　×
h a d t o
ハッ　　★　トゥ

だから、こんな風に聞こえる！

⬇

ハットゥ

5-3 レッツ！ 基本のフレーズ音読 🎵 🅔

had to
had to
had to
had to
（again）
had to
had to
had to
had to

5-4 会話に役立つフォニックス・リズム音読

Easy Level（初級） ★★★　　かんたん、かんたん！

① I **had to** go.

② I **had to** drive.

③ You **had to** come.

④ They **had to** wait.

① 行かなければならなかった。
② 運転をしなければならなかった。
③ キミは来なければならなかった。
④ 彼らは待たなければならなかった。

Medium Level（中級） ★★★　　ちょっとコツが必要！

⑤ I **had to** think twice.

⑥ You **had to** ask yourself.

⑦ We **had to** practice hard.

⑧ They **had to** do something.

⑤ よくよく考えなければならなかった。
⑥ あなたは自問自答しなければならなかった。
⑦ 私たちは一生懸命練習しなければならなかった。
⑧ 彼らはなんとかしなくてはならなかった。

2章　60のフレーズでフォニックス・リズム音読

Challenge Level（上級） ★★★〜★★★　これが言えたらカンペキ！

⑨　I **had to** be more patient.

⑩　She **had to** be there on time.

⑪　Ken **had to** do twice the work.

⑫　We **had to** help each other along.

⑨　私はもっと我慢強くならなければならなかった。
⑩　彼女は時間通りにそこにいなければならなかった。
⑪　ケンは倍の仕事をこなさなければならなかった。
⑫　私たちは互いに助け合わなければならなかった。

会話でフレーズを使ってみよう 5

A: I **had to** ask myself millions of times, but there's no answer.

B: You mean why Karen dumped you for another guy?

A: 何度も何度も自分に問い返したけど、答えは見つからなかったよ。
B: なぜ、カレンがあなたを振って、他の男に走ったかってこと？

6
like to～ 🐟

（～するのが好きです）

　like to のあとに<u>動詞の原形</u>を続けて、好きなことや趣味などを伝えるときに使います。「好き加減」の程度としては like よりも love のほうが上ですが、さらにその上をいく adore（熱望する）もあります。なお、**I like to** は「～が好き」ですが、I'd like to は「～をいただきたい」という意味です。何かを注文するときは後者を使いましょう。

6-1 フォニックス・ルールと音のチェック 🎵🐟

単語	発音記号	フォニックス・ルール	ルール番号
like	[l]	1字子音の l	p.30-15
	[ai]	サイレント E の i_e	p.53-93
	[k]	1字子音の k	p.29-4
to	[t]	1字子音の t	p.29-6
	[ə]	弱い o	p.35-34

Memo 🖉

2章　60のフレーズでフォニックス・リズム音読

6-2 フォニックス耳のツボ 🎵 🅔

★　kにtが続くと、kの音が落ちる

l i k e t o
ラィ（ク）　　　トゥ

だから、こんな風に聞こえる！

⬇

ラィ（ク）トゥ

6-3 レッツ！ 基本のフレーズ音読 🎵 🅔

like to
like to
like to
like to
（again）
like to
like to
like to
like to

79

6-4 会話に役立つフォニックス・リズム音読

Easy Level（初級） ★★★　　かんたん、かんたん！

① I **like to** read.

② They **like to** cook.

③ You **like to** knit.

④ We **like to** chat.

> ① 私は読書が好きです。
> ② 彼らは料理が好きです。
> ③ あなたは編み物が好きです。
> ④ 私たちはおしゃべりが好きです。

Medium Level（中級） ★★★　　ちょっとコツが必要！

⑤ I **like to** take a nap.

⑥ You **like to** stay at home.

⑦ We **like to** travel light.

⑧ They **like to** get up early.

> ⑤ 私は昼寝が好きです。
> ⑥ 家にいるのが好きなんですね。
> ⑦ 私たちは身軽な旅が好きです。
> ⑧ 彼らは早起きが好きです。

2章 60のフレーズでフォニックス・リズム音読

Challenge Level（上級） ★★★〜★★★　これが言えたらカンペキ！

⑨　I **like to** collect old coins.

⑩　You **like to** be online all day.

⑪　They **like to** gossip all the time.

⑫　We **like to** relax in the mountains.

⑨　私は古い硬貨を集めるのが好きです。
⑩　一日中ネットをしているのが好きなんですね。
⑪　彼らはいつでも噂話が好きです。
⑫　私たちは山でくつろぐのが好きです。

会話でフレーズを使ってみよう 6

A: I don't **like to** see you cry. Chin up!

B: You're right. We can't go on crying forever.

A: キミの泣き顔、見たくないよ。元気を出して！
B: そうね。いつまでも泣いてなんていられないわ。

Memo

7
used to～

（以前は～でした）

　主語の人称に関わらず **used to** + 動詞の原形のかたちをとり、現在は行っていない過去の習慣を表します。I **used to** have short hair. は「昔はショートヘアだったけど、今はそうではない」のように過去と現在の習慣の対比を表します。なお、used to の used は［juːst］（ユースト）と読みますが、形容詞の used（中古の［※ used car など］）は［juːzd］（ユーズド）のように音が濁ります。

7-1 フォニックス・ルールと音のチェック

単語	発音記号	フォニックス・ルール	ルール番号
used	[j] [uː]	u のアルファベット読み	p.47-豆知識5
	[s]	1字子音の s	p.30-12
	[t]	過去形の ed s[s] + ed は [t] と読む	ー
to	[t]	1字子音の t	p.29-6
	[ə]	弱い o	p.35-34

7-2 フォニックス耳のツボ 🎵 ⓔ

① 動詞の過去形が s[s] ＋ ed のとき、ed は t の音になる
② t の音が連続するとき、最初の t の音は落ちる

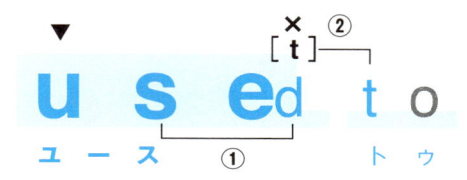

```
         ×②
        [ t ]
▼
u  s  e d  t  o
ユ ー ス    ト ゥ
    ①
```

だから、こんな風に聞こえる！

⬇

ユーストゥ

7-3 レッツ！ 基本のフレーズ音読 🎵 ⓔ

used to
used to
used to
used to
（again）
used to
used to
used to
used to

7-4 会話に役立つフォニックス・リズム音読

Easy Level（初級） ★★★　　かんたん、かんたん！

① We **used to** jog.

② He **used to** smoke.

③ She **used to** swim.

④ You **used to** drink.

　① 私たちは以前、ジョギングをしていました。
　② 彼は以前、たばこを吸っていました。
　③ 彼女は以前、水泳をしていました。
　④ あなたは以前、飲酒をしていました。

Medium Level（中級） ★★★　　ちょっとコツが必要！

⑤ I **used to** live here.

⑥ You **used to** wear glasses.

⑦ They **used to** have a dog.

⑧ She **used to** have long hair.

　⑤ 私は以前、ここに住んでいました。
　⑥ あなたは以前、メガネをかけていました。
　⑦ 彼らは以前、犬を飼っていました。
　⑧ 彼女は以前、ロングヘアーでした。

2章　60のフレーズでフォニックス・リズム音読

Challenge Level（上級） ★★★〜★★★★　これが言えたらカンペキ！

⑨　I **used to** play in a band.

⑩　You **used to** read a lot of books.

⑪　He **used to** drive to work every day.

⑫　They **used to** play soccer after school.

⑨　私は以前、バンドで演奏していました。
⑩　あなたは以前、たくさん本を読んでいました。
⑪　彼は以前、毎日車で通勤していました。
⑫　彼らは以前、放課後にサッカーをしていました。

会話でフレーズを使ってみよう7

A: It never **used to** bother me.

B: Well, people change…anyway.

A: 前なら気にも留めなかったのに。
B: まあ、人は変わるから…とにかく。

Memo

8
You'd better〜

（〜するべきです）

　you'd better は「〜しなくてはだめだ」という警告のニュアンスを含み、should や ought to よりも強い表現です。親切心のつもりで上司に **You'd better** take a bus to get there.（そこへはバスで行かなくてはダメだ）などと言おうものならたいへんです！　気をつけましょう。
　better は米語では「ベター」ではなく、普通は「ベラー」と発音します。

8-1 フォニックス・ルールと音のチェック

単語	発音記号	フォニックス・ルール	ルール番号
You'd	[j]	１字子音の y	p.31-22
	[uː]	例外（= you）	p.47-73
	[d]	１字子音の d	p.29-7
better	[b]	１字子音の b	p.28-1
	[e]	フォニックス読みの e	p.33-26
	[t]	重子音字の tt （＝１字子音の t）	p.29-6
	[ər]	弱い er	p.35-36

8-2 フォニックス耳のツボ 🎵 🅔

① d に b が続くと、d の音が落ちる
② 母音にはさまれた t は、l の音のように聞こえる

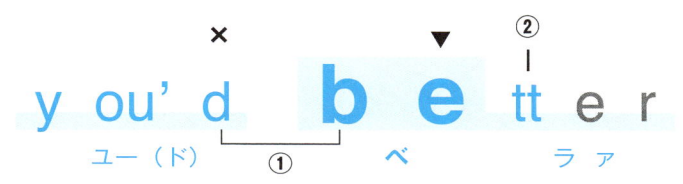

```
         ×           ▼      ②
                            l
y ou' d      b    e    tt  e  r
ユー（ド）    ①   ベ         ラ ァ
```

だから、こんな風に聞こえる！

⬇

ユー（ド）ベラァ

8-3 レッツ！ 基本のフレーズ音読 🎵 🅔

you'd better
you'd better
you'd better
you'd better
（again）
you'd better
you'd better
you'd better
you'd better

8-4 会話に役立つフォニックス・リズム音読 🎵 🅒

Easy Level（初級） ★★★　　かんたん、かんたん！

① **You'd better** tell.

② **You'd better** wait.

③ **You'd better** run.

④ **You'd better** come.

　① 伝えるべきです。
　② 待つべきです。
　③ 走るべきです。
　④ 来るべきです。

Medium Level（中級） ★★★　　ちょっとコツが必要！

⑤ **You'd better** cook it.

⑥ **You'd better** get ready.

⑦ **You'd better** hurry up.

⑧ **You'd better** ask her now.

　⑤ 調理するべきです。
　⑥ 準備するべきです。
　⑦ 急ぐべきです。
　⑧ 今、彼女に聞くべきです。

2章 60のフレーズでフォニックス・リズム音読

Challenge Level（上級） ★★★〜★★★　これが言えたらカンペキ！

⑨ **You'd better** watch your tongue.

⑩ **You'd better** reserve a table.

⑪ **You'd better** keep it between us.

⑫ **You'd better** take a day off from work.

⑨ 言葉に気をつけるべきです。
⑩ テーブルを予約するべきです。
⑪ ここだけの話にしておくべきです。
⑫ 一日仕事を休むべきです。

会話でフレーズを使ってみよう 8

A: I think **you'd better** be going.

B: Right, otherwise, I'll miss my plane!

A: そろそろ行った方がいいと思うよ。
B: そうね、じゃないと、飛行機に乗り遅れちゃうわね！

Memo

9
Could you～?

（～をしていただけますか？）

　Can you～?よりもう少し丁寧にお願いしたい時は **Could you～?** を使うとよいでしょう。Can you～?と **Could you～?**、Will you～?と Would you～? のように、依頼の文では助動詞の過去形のほうがより丁寧さを表します。

　aboutやcloudのように、ouは「アゥ」と読むのが普通ですが、couldの「ウ」は例外読みとなります。また、それに続くlも発音しません。

9-1 フォニックス・ルールと音のチェック

単語	発音記号	フォニックス・ルール	ルール番号
Could	[k]	1字子音の硬いc	p.29-3
	[u]	uのみ読むoul	p.55-102
	[d]	1字子音のd	p.29-7
you	[j]	1字子音のy	p.31-22
	[uː]	例外（= you）	p.47-73

Memo

9-2 フォニックス耳のツボ 🎵 🅔

★ d に y が続くと j [dʒ] の音に変化する

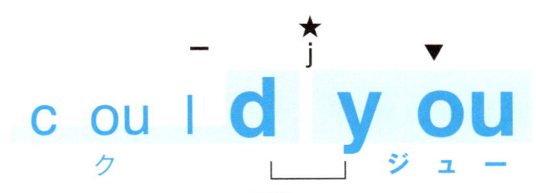

c ou l **d y ou**
ク　　　　ジュー

だから、こんな風に聞こえる！

クジュー

9-3 レッツ！ 基本のフレーズ音読 🎵 🅔

could you
could you
could you
could you
（again）
could you
could you
could you
could you

9-4 会話に役立つフォニックス・リズム音読

Easy Level（初級） ★★★　　かんたん、かんたん！

① **Could you** help?

② **Could you** meet me?

③ **Could you** carry it?

④ **Could you** email me?

　① 手伝っていただけますか？
　② 会っていただけますか？
　③ それを運んでいただけますか？
　④ 私にEメールを送ってくれますか？

Medium Level（中級） ★★★　　ちょっとコツが必要！

⑤ **Could you** show him?

⑥ **Could you** repair it?

⑦ **Could you** double-check?

⑧ **Could you** change the baby?

　⑤ 彼に見せていただけますか？
　⑥ 修理していただけますか？
　⑦ 再チェックをしていただけますか？
　⑧ 赤ちゃんのおむつを換えていただけますか？

2章 60のフレーズでフォニックス・リズム音読

Challenge Level（上級） ★★★〜★★★ これが言えたらカンペキ！

⑨ **Could you** give me a ride home?

⑩ **Could you** open the door for me?

⑪ **Could you** speak a little louder?

⑫ **Could you** keep my baggage until 5?

⑨ 家まで車で送っていただけますか？
⑩ ドアを開けたままにしておいていただけますか？
⑪ もう少し大きな声で話していただけますか？
⑫ 5時まで荷物を預かっていただけますか？

会話でフレーズを使ってみよう 9

A: **Could you** break this?

B: Are 10 thousand-yen bills fine?

A: これをくずしてもらえますか？
B: 千円札10枚でいいですか？

Memo

10
Did you〜?

（あなたは〜でしたか？）

　一般動詞を使った過去形の疑問文です。過去の出来事について質問をするときに使います。疑問文を作るとき、動詞まで過去形に変えてしまう人がいますが、**did you** のうしろは必ず<u>動詞の原形です</u>。**Did you** <u>took</u> a taxi? では "頭痛が痛い" みたいになってしまいますよ！

10-1 フォニックス・ルールと音のチェック

単語	発音記号	フォニックス・ルール	ルール番号
Did	[d]	1字子音の d	p.29-7
	[i]	弱い i ②	p.35-33
	[d]	1字子音の d	p.29-7
you	[j]	1字子音の y	p.31-22
	[uː]	例外（= y<u>ou</u>）	p.47-73

Memo

10-2 フォニックス耳のツボ 🎵 ℮

★ d に y が続くと j [dʒ] の音に変化する

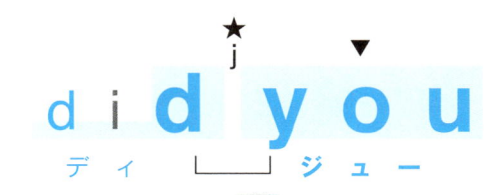

d i **d y o u**
ディ　　ジュー

だから、こんな風に聞こえる！

ディ**ジュー**

10-3 レッツ！ 基本のフレーズ音読 🎵 ℮

did you
did you
did you
did you
（again）
did you
did you
did you
did you

10-4 会話に役立つフォニックス・リズム音読

Easy Level（初級）★★★　　かんたん、かんたん！

① **Did you** start?

② **Did you** see it?

③ **Did you** buy it?

④ **Did you** watch it?

① 始めた？
② 見た？
③ 買った？
④ 観た？

Medium Level（中級）★★★　　ちょっとコツが必要！

⑤ **Did you** miss me?

⑥ **Did you** feed Rover?

⑦ **Did you** study French?

⑧ **Did you** pay the rent?

⑤ 私がいなくて寂しかった？
⑥ ローバーにエサをあげた？
⑦ フランス語を勉強した？
⑧ 家賃は払った？

2章 60のフレーズでフォニックス・リズム音読

Challenge Level（上級）★★★〜★★★　これが言えたらカンペキ！

⑨　**Did you** have a nice day?

⑩　**Did you** get over the cold?

⑪　**Did you** book a flight to Rome?

⑫　**Did you** call me while I was out?

⑨　いい一日でしたか？
⑩　風邪は治りましたか？
⑪　ローマ行きのフライトを予約しましたか？
⑫　私が外出している間に電話をくれましたか？

会話でフレーズを使ってみよう 10

A: Ron's girlfriend is cute, sexy and a Harvard grad!

B: **Did you** ever!

A: ロンのガールフレンドはかわいくて、セクシーで、ハーバード卒だぜ。
B: そりゃ驚きだ！

Memo

11
Is that〜?

（あれは〜ですか？）

　少し離れたものを指して「あれは〜ですか？」と質問するときに使います。p.190 の Is this〜? とセットで覚えましょう。なお、is の s は [s] ではなく [z] と発音します。ただし、sun（太陽）や sand（砂）のように、語頭の s は常に [s] となります。

11-1 フォニックス・ルールと音のチェック

単語	発音記号	フォニックス・ルール	ルール番号
Is	[i]	弱い i ②	p.35-33
	[z]	z と読む 1 字子音の s	p.30-14
that	[ð]	二重子音字の声の th	p.37-40
	[æ]	フォニックス読みの a	p.33-25
	[t]	1 字子音の t	p.29-6

Memo

11-2 フォニックス耳のツボ 🎵 🄴

★ zと読むsに声のthが続くとsの音が弱まる

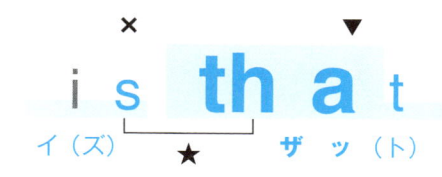

i s **th a** t
イ（ズ） ザッ（ト）

だから、こんな風に聞こえる！

イ（ズ）**ザッ**（ト）

11-3 レッツ！ 基本のフレーズ音読 🎵 🄴

is that
is that
is that
is that
（again）
is that
is that
is that
is that

11-4 会話に役立つフォニックス・リズム音読

Easy Level（初級） ★★★　かんたん、かんたん！

① **Is that** it?
② **Is that** all?
③ **Is that** you?
④ **Is that** right?

① そうなの？
② それで全部？
③ あなたなの？
④ そうなの？

Medium Level（中級） ★★★　ちょっとコツが必要！

⑤ **Is that** her bag?
⑥ **Is that** your idea?
⑦ **Is that** a yes?
⑧ **Is that** a true story?

⑤ あれは彼女のカバンですか？
⑥ それはあなたの考えなの？
⑦ それはイエスということ？
⑧ それは本当の話なの？

2章 60のフレーズでフォニックス・リズム音読

Challenge Level（上級） ★★★〜★★★　これが言えたらカンペキ！

⑨　**Is that** what you ordered?

⑩　**Is that** what you're saying?

⑪　**Is that** everything you need?

⑫　**Is that** the house Kate was living in?

⑨　これはあなたが注文したものですか？
⑩　あなたが言いたいのはそういうことなの？
⑪　あなたが必要なのはそれで全部？
⑫　あれはケイトが住んでいた家かしら？

会話でフレーズを使ってみよう 11

A: Please answer the roll for me, will you?

B: **Is that** a good idea, do you think? You can't cheat Prof. Maclaine.

A: 僕の代わりに代返してくれるかな？
B: それってどうかしら？　マクレイン教授はごまかせないわよ。

12
This is～

（これは〜です）

　This is my pen.（これはペンです）のように **this is** はそばにある物の存在を説明するときの表現ですが、「こちらは〜さんです」（人を紹介する）、「私は〜というものです」（電話で名を名乗る）のように人に対して使うこともできます。th の読み方には、息と声の th の 2 つがありますが、this の読み方は後者です。this や that、then や there など、基本的な語句では声の th で読まれることが多いのです。

12-1 フォニックス・ルールと音のチェック

単語	発音記号	フォニックス・ルール	ルール番号
This	[ð]	二重子音字の声の th	p.37-40
	[ɪ]	フォニックス読みの i	p.33-27
	[s]	1 字子音の s	p.30-12
is	[i]	弱い i ②	p.35-33
	[z]	z と読む 1 字子音の s	p.30-14

Memo

12-2 フォニックス耳のツボ 🎵 🌐

★ s に弱い i が続くと、2つの音がくっつき si になる

th i s [z] i s
ディ ス ★ ィ ズ

だから、こんな風に聞こえる！

ディスィズ

12-3 レッツ！基本のフレーズ音読 🎵 🌐

this is
this is
this is
this is
（again）
this is
this is
this is
this is

12-4 会話に役立つフォニックス・リズム音読

Easy Level（初級）★★★　　かんたん、かんたん！

① **This is** good.

② **This is** she.

③ **This is** cute.

④ **This is** easy.

　① いいね。
　② はい、私です。（※電話に出るとき）
　③ これ、かわいいね。
　④ かんたんね。

Medium Level（中級）★★★　　ちょっとコツが必要！

⑤ **This is** for you.

⑥ **This is** quite nice.

⑦ **This is** terrible.

⑧ **This is** delicious.

　⑤ これをあなたにあげます。
　⑥ とてもいいね。
　⑦ これはひどい。
　⑧ これ、おいしいね。

2章　60のフレーズでフォニックス・リズム音読

Challenge Level（上級）★★★〜★★★　これが言えたらカンペキ！

⑨　**This is** my wife, Margaret.

⑩　**This is** what I really wanted.

⑪　**This is** going to surprise you.

⑫　**This is** one of my favorite books.

⑨　こちらが妻のマーガレットです。
⑩　これはまさに欲しいと思っていたものなんです。
⑪　びっくりすると思うよ。
⑫　これは私のお気に入りの本です。

会話でフレーズを使ってみよう 12

A: Is that how you want me to dance for this part, Michael?

B: **This is** it!

A: ここのパートはこんな感じで踊ればいい、マイケル？
B: それだっ！

13

as long as～

（～である限りは）

as long as A には "A と同様の長さ" という並列関係があります。例えば、**as long as** you can stay は "あなたがステイできるだけの＝ long（長さ）" となり「いられる限り」という意味で使われます。なお、long の o は「オー」と音を伸ばします。song や soft も同様に「ソーング」「ソーフト」と読みます。

13-1 フォニックス・ルールと音のチェック

単語	発音記号	フォニックス・ルール	ルール番号
as	[ə]	弱い a	p.35-30
	[z]	z と読む 1 字子音の s	p.30-14
long	[l]	1 字子音の l	p.30-15
	[ɔː]	音を伸ばす o	p.56-104
	[ŋ]	二重子音字の ng	p.38-44
as	[ə]	弱い a	p.35-30
	[z]	z と読む 1 字子音の s	p.30-14

Memo

13-2 フォニックス耳のツボ 🎵 🅒

★ ng に弱い a が続くと、2つの音がくっつき nga になる

[z]　　　▼　　　　　[z]
a s　　l o　ng　a s
ァ　ズ　ロ　ー　ン　★　ガ　ズ

だから、こんな風に聞こえる！

ァズ ロ ーンガズ

13-3 レッツ！ 基本のフレーズ音読 🎵 🅒

as long as
as long as
as long as
as long as
（again）
as long as
as long as
as long as
as long as

13-4 会話に役立つフォニックス・リズム音読

Easy Level（初級） ★★★　　かんたん、かんたん！

① **As long as** I can.

② **As long as** it goes.

③ **As long as** you like.

④ **As long as** you want.

① できる限りは。
② 行ける限りは。
③ お好きなだけ。
④ あなたが望むだけ。

Medium Level（中級） ★★★　　ちょっとコツが必要！

⑤ **As long as** you need.

⑥ **As long as** 8 hours.

⑦ **As long as** possible.

⑧ **As long as** I remember.

⑤ あなたが必要とする限りは。
⑥ 8時間は。
⑦ 可能な限りは。
⑧ 私が記憶している限りでは。

2章　60のフレーズでフォニックス・リズム音読

Challenge Level（上級） ★★★〜★★★　これが言えたらカンペキ！

⑨　I'll buy it **as long as** it's cheap.

⑩　I stayed awake **as long as** I could.

⑪　Try hard **as long as** there's a chance.

⑫　It's OK **as long as** you finish the work.

⑨　安いぶんには買うと思います。
⑩　私はできる限り起きていた。
⑪　チャンスがある限り頑張って。
⑫　あなたの仕事が終わっているのなら OK ですよ。

会話でフレーズを使ってみよう 13

A: Have you finished making a list for Christmas shopping?

B: Not yet. It seems like it's going to be **as long as** my arm.

A: クリスマスショッピングの買い物リストはできたかい？
B: まだよ。とっても長くなりそうよ。

14
That sounds〜

（〜のようだ）

that sounds は「〜のようだ」という意味からわかるように、耳に入ってきた情報に対して使われる表現です。視覚的に「〜のようだ」という場合は it looks を使いましょう。また、That is A.（あれは A だ）にはやや断言的な響きがありますが、**That sounds** A.（A みたいだ）には言いきりを避けるニュアンスが含まれます。なお、sounds の ds は「ズ」と発音します。

14-1 フォニックス・ルールと音のチェック

単語	発音記号	フォニックス・ルール	ルール番号
That	[ð]	二重子音字の声の th	p.37-40
	[æ]	フォニックス読みの a	p.33-25
	[t]	1字子音の t	p.29-6
sounds	[s]	1字子音の s	p.30-12
	[au]	母音ペア②の ou	p.49-77
	[n]	1字子音の n	p.29-9
	[dz]	2字子音の ds	—

14-2 フォニックス耳のツボ 🎵 ⓔ

① ｔとｓが語と語の間にあるとき、ｔの音が落ちる
② ｄとｓが語末で連続するとき「ズ」（＝dz）と読む

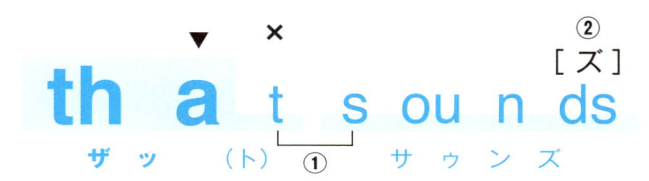

▼　　×　　　　　　　②
　　　　　　　　　　　[ズ]
th a t s ou n ds
ザ　ッ　（ト）①　サゥ　ン　ズ

だから、こんな風に聞こえる！

⬇

　　ザッ（ト）サゥンズ

14-3 レッツ！ 基本のフレーズ音読 🎵 ⓔ

that sounds
that sounds
that sounds
that sounds
（again）
that sounds
that sounds
that sounds
that sounds

14-4 会話に役立つフォニックス・リズム音読

Easy Level（初級） ★★★　　かんたん、かんたん！

① **That sounds** fun.
② **That sounds** great.
③ **That sounds** bad.
④ **That sounds** fishy.

① 楽しそう。
② すごそう。
③ ひどそう。
④ うさんくさそう。

Medium Level（中級） ★★★　　ちょっとコツが必要！

⑤ **That sounds** exciting.
⑥ **That sounds** like a dream.
⑦ **That sounds** much better.
⑧ **That sounds** perfect for me.

⑤ 面白そう。
⑥ まるで夢のよう。
⑦ （このほうが）ずっとよさそう。
⑧ 私にはもってこいです。

Challenge Level（上級） ★★★〜★★★　これが言えたらカンペキ！

⑨　**That sounds** like a lot of bother.

⑩　**That sounds** familiar to me.

⑪　**That sounds** terrible, doesn't it?

⑫　**That sounds** like a nice cushy job.

⑨　とても面倒くさそうです。
⑩　聞き覚えがあります。
⑪　それってひどいよね？
⑫　割のよさそうな仕事ですね。

会話でフレーズを使ってみよう 14

A: Guess what. Japanese people make a horrible noise when eating noodles!

B: **That sounds** quite typical to me, though.

A: なんと、日本人はものすごい音を立てて麺を食べるんだぜ！
B: 僕には普通のことに思えるけど。

15

It takes～

（～がかかる）

　takeは「取る」のほかにも様々な意味がありますが、ここでは「時間がかかる」という意味で使われます。**it takes**のあとに人（meやyouなどの目的語）をつけて、**It takes** <u>me</u> 3 hours.（3時間かかります）としてもOKです。ちなみに、takeにはサイレントEのルールが働いており、語尾のeは読まずaをアルファベット読みします。

15-1 フォニックス・ルールと音のチェック

単語	発音記号	フォニックス・ルール	ルール番号
It	[i]	弱いi②	p.35-33
	[t]	1字子音のt	p.29-6
takes	[t]	1字子音のt	p.29-6
	[ei]	サイレントEのa_e	p.53-92
	[k]	1字子音のk	p.29-4
	[s]	1字子音のs	p.30-12

Memo

15-2 フォニックス耳のツボ 🎵 🅒

★ t が連続すると、最初の t の音は落ちる

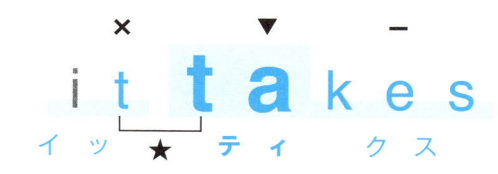

×　　▼　　−
i t **t a** k e s
イッ　★　ティ　クス

だから、こんな風に聞こえる！

⬇

イッ**テイ**クス

15-3 レッツ！基本のフレーズ音読 🎵 🅒

it takes
it takes
it takes
it takes
（again）
it takes
it takes
it takes
it takes

15-4 会話に役立つフォニックス・リズム音読

Easy Level（初級）★★★　　かんたん、かんたん！

① **It takes** two.

② **It takes** time.

③ **It takes** a while.

④ **It takes** an effort.

① （恋愛にも喧嘩にも）相手が必要です。
② 時間がかかります。
③ しばらくかかります。
④ 努力を要します。

Medium Level（中級）★★★　　ちょっとコツが必要！

⑤ **It takes** money.

⑥ **It takes** me ages.

⑦ **It takes** half an hour.

⑧ **It takes** a few minutes.

⑤ お金がかかります。
⑥ かなりの時間がかかります。
⑦ 30分かかります。
⑧ 数分かかります。

Challenge Level（上級）★★★〜★★★　これが言えたらカンペキ！

⑨　**It takes** two to tango.

⑩　**It takes** courage to break the ice.

⑪　**It takes** time to patch things up.

⑫　**It takes** a month to get there by ship.

⑨　責任は両者にあります。
⑩　難局を打開するには強い心が必要です。
⑪　仲直りにはある程度の時間が必要です。
⑫　船でそこへ到着するには 1 カ月かかります。

会話でフレーズを使ってみよう 15

A: Tell me how to become rich.

B: **It takes** money to make money. As simple as that.

A: 金持ちになる方法を教えておくれ。
B: 金が金を生む。かんたんな話さ。

Memo

16
because of～

(～のせいで)

　because は「なぜなら」と訳されるように「原因」や「理由」を表し、of のあとにはその原因の引き金となった人や事柄がきます。
　なお、原因や理由を表す語句には because, since, as などがあります。
　また、because を「ビコウズ」と読む人がいますが、au は「オー」と音を伸ばします。日本人の苦手な発音の1つなので注意しましょう。

16-1 フォニックス・ルールと音のチェック

単語	発音記号	フォニックス・ルール	ルール番号
because	[b]	1字子音の b	p.28-1
	[i]	e とつづる弱い i ②	p.35-33
	[k]	1字子音の硬い c	p.29-3
	[ɔː]	母音ペア②の au	p.49-82
	[z]	z と読む1字子音の s	p.30-14
	-	読まない語末の e	p.53- ひとこと3
of	[ə]	弱い o	p.35-34
	[v]	例外（= of）	p.29-11

16-2 フォニックス耳のツボ 🎵 🅔

★ zと読むsに弱いoが続くと、
2つの音がくっつき so [zə] になる

▼　　　[z]　—　　[v]

b e **c au** s e o f
ビ　カー　　★　ゾヴ

だから、こんな風に聞こえる！

ビカーゾヴ

16-3 レッツ！ 基本のフレーズ音読 🎵 🅔

because of
because of
because of
because of
（again）
because of
because of
because of
because of

16-4 会話に役立つフォニックス・リズム音読

Easy Level（初級） ★★★　　かんたん、かんたん！

① **Because of** me.

② **Because of** this.

③ **Because of** Ted.

④ **Because of** illness.

① 私のせい。
② これのせい。
③ テッドのせい。
④ 病気のせい。

Medium Level（中級） ★★★　　ちょっとコツが必要！

⑤ It's **because of** dry skin.

⑥ It's **because of** jet lag.

⑦ It's **because of** the delay.

⑧ It's **because of** poor service.

⑤ 乾燥肌のせいです。
⑥ 時差ぼけのせいです。
⑦ 遅延のせいです。
⑧ ひどいサービスのせいです。

Challenge Level（上級）★★★～★★★　これが言えたらカンペキ！

⑨　I can't fit in **because of** my shyness.

⑩　He looks worried **because of** the pressure.

⑪　They got angry **because of** the double-booking.

⑫　It took six hours **because of** heavy traffic.

⑨　恥ずかしがり屋の性格のせいで、人になじめません。
⑩　プレッシャーのせいで、彼は不安そうに見えます。
⑪　二重予約のせいで、彼らは怒りました。
⑫　交通渋滞のせいで、6時間もかかりました。

会話でフレーズを使ってみよう 16

A: It's **because of** you!

B: What? Tell me what's going on first before taking it out on me.

A: あなたのせいよ！
B: なに？八つ当たりするのもいいけど、まずは事情を説明してくれないと。

17
out of～

（～の中から外へ、～によって）

　out of は「～から外れて」がイメージの中心となるフレーズです。ここから **out of** money は「お金を切らしている（＝お金がない）」、**out of** time は「時間がない」となります。また、**out of** は原因や動機も示すので **out of** friendship は「友情心によって（したこと）」という意味になります。口語では **out of** が outa（アウタ）になることもあります。

17-1 フォニックス・ルールと音のチェック

単語	発音記号	フォニックス・ルール	ルール番号
out	[au]	母音ペア②の ou	p.49-77
	[t]	1字子音の t	p.29-6
of	[ə]	弱い o	p.35-34
	[v]	例外（＝ of）	p.29-11

Memo

17-2 フォニックス耳のツボ 🎵 ⓔ

① tに弱いoが続くと、2つの音がくっつきtoになる
② 母音にはさまれたtは、lのように聞こえる
③ ofのfはvと読む

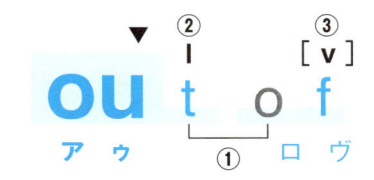

②　　　③
l　　　[v]
ou t o f
アゥ　①　ロ ヴ

だから、こんな風に聞こえる！

アウロヴ

17-3 レッツ！ 基本のフレーズ音読 🎵 ⓔ

out of
out of
out of
out of
（again）
out of
out of
out of
out of

17-4 会話に役立つフォニックス・リズム音読

Easy Level（初級） ★★★　　かんたん、かんたん！

① It's **out of** line.

② I'm **out of** here.

③ I was **out of** place.

④ It's **out of** season.

    ① 調和していません。
    ② 出かけてきます。
    ③ 自分が場違いに思えました。
    ④ 季節はずれです。

Medium Level（中級） ★★★　　ちょっとコツが必要！

⑤ It's **out of** friendship.

⑥ It's **out of** his kindness.

⑦ It's **out of** the question.

⑧ It's **out of** curiosity.

    ⑤ 友情心からしたことです。
    ⑥ 彼の親切心からしたことです。
    ⑦ 問題外です。
    ⑧ 好奇心からです。

2章　60のフレーズでフォニックス・リズム音読

Challenge Level（上級）★★★〜★★★　これが言えたらカンペキ！

⑨　We're **out of** coffee again.

⑩　8 people came **out of** ten.

⑪　She was just getting **out of** the room.

⑫　He took a memo **out of** the pocket.

⑨　またコーヒーを切らしてしまった。
⑩　10人中8人が来ました。
⑪　彼女は部屋を出ようとしていました。
⑫　彼はポケットからメモを取り出しました。

会話でフレーズを使ってみよう 17

A: I screwed up the presentation, I've lost my wallet and Barb stood me up again…

B: Sounds like you're totally **out of** luck.

A: プレゼンではヘマをするし、財布はなくすし、バーブにまたすっぽかされるし…。
B: まったくもって運に見放されているわね。

18
might've〜

（〜だったかもしれない）

　might have の短縮形で会話では **might've** がよく使われます。**might've**＋過去分詞のかたちをとります。**might've** は「ひょっとしたら〜だったかもしれない」のように、過去の出来事に対する推量や可能性を表します。なお、might の igh は i をアルファベット読みし、gh は読まないというフォニックスのルールが働いています。つまり読み方を文字で表すなら "mait" ですね。night や fight も同様です。

18-1 フォニックス・ルールと音のチェック

単語	発音記号	フォニックス・ルール	ルール番号
might've	[m]	1字子音の m	p.29-8
	[ai]	i のみ読む igh	p.55-101
	[t]	1字子音の t	p.29-6
	[v]	1字子音の v	p.29-11
	-	読まない語末の e	p.53-ひとこと3

Memo

2章　60のフレーズでフォニックス・リズム音読

18-2 フォニックス耳のツボ 🎵 🅔

① 口語では might と have がくっつく
② 短縮された have は 've（ヴ）になる

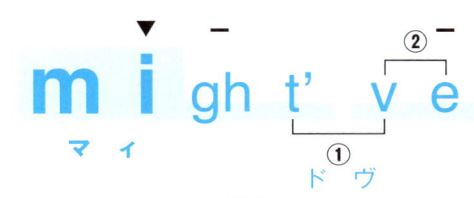

m i gh t' v e
マ イ　　　ド ヴ

だから、こんな風に聞こえる！

マイドヴ

18-3 レッツ！ 基本のフレーズ音読 🎵 🅔

might've
might've
might've
might've
（again）
might've
might've
might've
might've

18-4 会話に役立つフォニックス・リズム音読

Easy Level（初級） ★★★　　かんたん、かんたん！

① She **might've** lied.

② He **might've** left.

③ Ken **might've** phoned.

④ They **might've** gone.

① 彼女はウソをついていたかもね。
② 彼は去っていたかもね。
③ ケンは電話していたかもね。
④ 彼らは行ってしまっていたかもね。

Medium Level（中級） ★★★　　ちょっとコツが必要！

⑤ He **might've** overslept.

⑥ She **might've** forgotten it.

⑦ It **might've** been different.

⑧ It **might've** gotten worse.

⑤ 彼は寝過ごしてしまったのかもね。
⑥ 彼女は忘れてしまったのかもね。
⑦ 違う結果だったかもね。
⑧ もっとひどいことになっていたかもね。

2章　60のフレーズでフォニックス・リズム音読

Challenge Level（上級） ★★★〜★★★　これが言えたらカンペキ！

⑨　They **might've** been here before.

⑩　She **might've** known it was you.

⑪　You **might've** eaten something bad.

⑫　He **might've** lost his wallet on his way.

⑨　彼らは以前ここに来たことがあるのかもね。
⑩　彼女はその人物が君だというのを知っていたのかもね。
⑪　あなたは何か悪いものを口にしたのかも知れない。
⑫　彼は道の途中でお財布をなくしたのかも知れない。

会話でフレーズを使ってみよう 18

A: No more of his **might-have**-beens.

B: Yeah, I'm getting fed up with his ifs and buts, actually.

A: 彼の「あーだったら、こーだったら」はやめてほしいわ。
B: そうよね。実は、私も彼の"たられば"にはうんざりしてるの。

19
should've～

（～するべきでした）

　should have の短縮形です。might've もそうでしたが should と have も会話の中ではくっついてしまいます。should＝「するべきだ」が中心的な意味を持ち、例えば、You **should've** come too.（君も来るべきだった）のように過去の出来事に対する後悔の念を表します。p.90 の could と同じく should の ou も「ウ」と読みます。つまりこの ou も例外ルール扱いとなります。

19-1 フォニックス・ルールと音のチェック

単語	発音記号	フォニックス・ルール	ルール番号
should've	[ʃ]	二重子音字の sh	p.37-38
	[u]	u のみ読む oul	p.55-102
	[d]	1 字子音の d	p.29-7
	[v]	1 字子音の v	p.29-11
	-	読まない語末の e	p.53-ひとこと 3

Memo

2章　60のフレーズでフォニックス・リズム音読

19-2 フォニックス耳のツボ 🎵 📧

① 口語では should と have がくっつく
② 短縮された have は 've（ヴ）になる

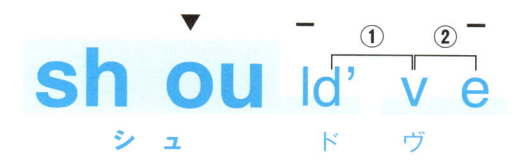

▼　　　　─①─②─
sh ou ld' v e
　シュ　　　ド　ヴ

だから、こんな風に聞こえる！

⬇

シュ ドヴ

19-3 レッツ！ 基本のフレーズ音読 🎵 📧

should've
should've
should've
should've
（again）
should've
should've
should've
should've

19-4 会話に役立つフォニックス・リズム音読

Easy Level（初級） ★★★　かんたん、かんたん！

① I **should've** tried.

② You **should've** kept it.

③ He **should've** studied.

④ She **should've** listened.

① やっておくべきだったね。
② あなたはそれをキープしておくべきだったね。
③ 彼は勉強しておくべきだったね。
④ 彼女は耳を貸すべきだったね。

Medium Level（中級） ★★★　ちょっとコツが必要！

⑤ I **should've** worked it out.

⑥ We **should've** been a help.

⑦ You **should've** replied quickly.

⑧ They **should've** signed the paper.

⑤ うまくやるべきだったね。
⑥ 私たちは力になるべきだったね。
⑦ あなたはすぐに返事をするべきだったね。
⑧ 彼らは書類にサインをするべきだったね。

2章　60のフレーズでフォニックス・リズム音読

Challenge Level（上級） ★★★〜★★★　これが言えたらカンペキ！

⑨　I **should've** seen that coming.

⑩　You **should've** caught the last train.

⑪　He **should've** gotten advice from Ken.

⑫　We **should've** reserved seats in advance.

⑨　そうなることを見越しておくべきだったね。
⑩　あなたは最終電車に乗るべきだったね。
⑪　彼はケンからアドバイスをもらっておくべきだったね。
⑫　前もって席の予約をしておくべきだったね。

会話でフレーズを使ってみよう 19

Eric's wife stormed into the office and jumped on his girlfriend. Then, as you can guess, they started wresting with each other. Really, you **should've** seen it.

エリックのワイフが会社に怒鳴りこみ、ダンナのガールフレンドに飛びかかったんだよ。で、ご想像の通り、2人で取っ組み合いが始まってさ。そりゃぁ見ものだった。

20
could've～

（～することができたのに）

　could have の短縮形で、そうならなかった過去の出来事の事実を表します。例えば、You **could've** emailed me. は"メールしようと思えばできたよね"と相手をつっつきながら、それと同時に"でも、キミは結局しなかった"という事実も表しています。

20-1 フォニックス・ルールと音のチェック

単語	発音記号	フォニックス・ルール	ルール番号
could've	[k]	1字子音の硬いc	p.29-3
	[u]	uのみ読むoul	p.55-102
	[d]	1字子音のd	p.29-7
	[v]	1字子音のv	p.29-11
	-	読まない語末のe	p.53-ひとこと3

Memo

20-2 フォニックス耳のツボ 🎵 🔗

① 口語では could と have がくっつく
② 短縮された have は 've（ヴ）になる

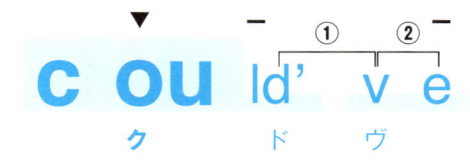

▼

c ou ld' ve
ク　ド　ヴ

だから、こんな風に聞こえる！

クドヴ

20-3 レッツ！ 基本のフレーズ音読 🎵 🔗

could've
could've
could've
could've
（again）
could've
could've
could've
could've

20-4 会話に役立つフォニックス・リズム音読

Easy Level（初級） ★★★　　かんたん、かんたん！

① I **could've** come.

② You **could've** pretended.

③ She **could've** used it.

④ They **could've** rushed it.

① 来ることだってできたのに。
② あなたはフリをすることだってできたのに。
③ 彼女はそれを使うことだってできたのに。
④ 彼らは急ごうと思えば急げたのに。

Medium Level（中級） ★★★　　ちょっとコツが必要！

⑤ I **could've** helped them.

⑥ You **could've** warned me.

⑦ We **could've** left early.

⑧ Patty **could've** asked me first.

⑤ 彼らを助けることだってできたのに。
⑥ あなたは私に警告することだってできたのに。
⑦ 僕たちはもっと早く出発することだってできたのに。
⑧ パティーはまず私に声をかけてくれればよかったのに。

2章　60のフレーズでフォニックス・リズム音読

Challenge Level（上級） ★★★〜★★★　これが言えたらカンペキ！

⑨　You **could've** at least phoned me.

⑩　You **could've** made better excuses.

⑪　You **could've** told me you'd be late.

⑫　We **could've** ridden out the crisis.

⑨　少なくとも僕に電話ぐらいはできたはずだろう。
⑩　もう少しマシな言い訳をしようと思えばできたでしょ。
⑪　遅れることぐらい言えたはずだろう。
⑫　私たちは危機を乗り切ることだってできたのに。

会話でフレーズを使ってみよう 20

A: Suddenly, a car was speeding from the opposite direction, so I cut the wheel hard.

B: Good to hear that you're OK. It **could've** been worse.

A: 突然、1台の車が対向車線からスピードを上げて走ってきたから、慌ててハンドルを切ったんだ。
B: 無事でよかったわ。もっとひどいことになっていたかもしれないわよ。

21

must've

（〜だったに違いない）

　must haveの短縮形です。mustには義務で「〜しなければならない」のほか、「〜に違いない」という推量の意味もあります。**must've** は後者の意味で使われることが多く、過去の出来事に対しての推定（〜だったに違いない）を表します。

21-1 フォニックス・ルールと音のチェック

単語	発音記号	フォニックス・ルール	ルール番号
must've	[m]	1字子音のm	p.29-8
	[ʌ]	フォニックス読みのu	p.33-29
	[st]	子音ブレンドのst	p.39-45
	[v]	1字子音のv	p.29-11
	-	読まない語末のe	p.53-ひとこと3

Memo

21-2 フォニックス耳のツボ 🎵 🅔

① 口語では must と have がくっつく
② 短縮された have は 've（ヴ）になる

▼
m u st' **v e**
マ　 スト ヴ
　　　①

だから、こんな風に聞こえる！

⬇

マストヴ

21-3 レッツ！ 基本のフレーズ音読 🎵 🅔

must've
must've
must've
must've
（again）
must've
must've
must've
must've

21-4 会話に役立つフォニックス・リズム音読

Easy Level（初級） ★★★　かんたん、かんたん！

① They **must've** worked.

② He **must've** fibbed.

③ Liz **must've** cried.

④ She **must've** been hired.

> ①　彼らは仕事をしていたに違いない。
> ②　彼は軽いウソをついたに違いない。
> ③　リズは泣いたに違いない。
> ④　彼女は採用されたに違いない。

Medium Level（中級） ★★★　ちょっとコツが必要！

⑤ You **must've** been tired.

⑥ He **must've** been hurt.

⑦ She **must've** felt uneasy.

⑧ They **must've** gotten angry.

> ⑤　あなたは疲れていたに違いない。
> ⑥　彼は傷ついていたに違いない。
> ⑦　彼女は不安を感じていたに違いない。
> ⑧　彼らは腹を立てていたに違いない。

2章　60のフレーズでフォニックス・リズム音読

Challenge Level（上級）★★★～★★★　これが言えたらカンペキ！

⑨　They **must've** seen the accident.

⑩　Mick **must've** been really upset.

⑪　Rick **must've** already seen the movie.

⑫　He **must've** taken me for someone else.

⑨　彼らは事故を目撃していたに違いない。
⑩　ミックはとても動揺していたに違いない。
⑪　リックはすでにその映画を観ていたに違いない。
⑫　彼は私をほかの誰かと勘違いしたに違いない。

会話でフレーズを使ってみよう 21

A: This special highlighter is a **must-have**.

B: What's good about it? It looks the same to me.

A: この蛍光ペンは必須アイテムだよ。
B: なにが特別なの？私には他のと同じに見えるけど。

Memo

22
would've

（〜だったでしょう）

would've は would have の短縮形です。**would've** は「〜だっただろうな」のように過去の出来事に対する話し手の推量を伝えます。これまで見てきたように、助動詞の過去形と have はセットになって使われることが多く、過去の出来事に対しての仮定を推し量るときに使われます。なお、could や should と同じく、would の ou も例外の読みの「ウ」となります。

22-1 フォニックス・ルールと音のチェック

単語	発音記号	フォニックス・ルール	ルール番号
would've	[w]	1字子音の w	p.30-20
	[u]	u のみ読む oul	p.55-102
	[d]	1字子音の d	p.29-7
	[v]	1字子音の v	p.29-11
	-	読まない語末の e	p.53-ひとこと3

Memo

22-2 フォニックス耳のツボ 🎵 🅔

① 口語では would と have がくっつく
② 短縮された have は 've（ヴ）になる

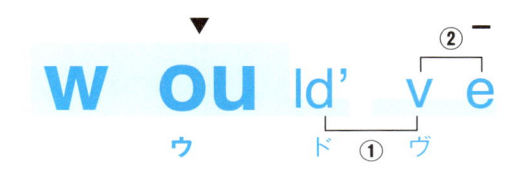

▼

w ou ld' v e
ウ　　ド ① ヴ
②

だから、こんな風に聞こえる！

⬇

ウ ドヴ

22-3 レッツ！基本のフレーズ音読 🎵 🅔

would've
would've
would've
would've
（again）
would've
would've
would've
would've

22-4 会話に役立つフォニックス・リズム音読

Easy Level（初級） ★★★　　かんたん、かんたん！

① He **would've** read it.

② She **would've** left.

③ Tim **would've** known.

④ Beth **would've** said so.

　① 彼は読んでいたでしょう。
　② 彼女は去っていたでしょう。
　③ ティムは知っていたでしょう。
　④ ベスはそう言ったでしょう。

Medium Level（中級） ★★★　　ちょっとコツが必要！

⑤ You **would've** worried.

⑥ It **would've** been great.

⑦ She **would've** been relieved.

⑧ He **would've** become rich.

　⑤ あなたは心配したでしょう。
　⑥ すごくよかったでしょう。
　⑦ 彼女は安心したでしょう。
　⑧ 彼は金持ちになったでしょう。

2章 60のフレーズでフォニックス・リズム音読

Challenge Level（上級） ★★★〜★★★　これが言えたらカンペキ！

⑨　It **would've** been much nicer.

⑩　You **would've** enjoyed yourself.

⑪　No one **would've** liked her, actually.

⑫　He **would've** finished the work by 9.

⑨　さらによかったでしょう。
⑩　あなたは楽しめたでしょう。
⑪　実は誰も彼女を好きではなかったでしょう。
⑫　彼は9時までに仕事を終えていたでしょう。

会話でフレーズを使ってみよう 22

A: Ken is a **would-be** novelist, isn't he?

B: Right. After graduation from college, he started writing for 10 hours a day!

A: ケンは小説家志望なんだよね？
B: そう。大学を卒業してから、1日10時間も書くようになったんだ！

23
need to～

（～する必要があります）

need to のあとには動詞の原形が続きます。should（するべきだ）や must（しなければならない）よりも、**need to**（～する必要がある）のほうがより強い義務のニュアンスを与えます。I **need to** go. は自分の意思に関わらず"とにかく行かなくちゃ"という強制的な力が見えます。ちなみに need 以外にも、me や we、legal（法律の）など、e の 1 文字で「イー」と読むこともあります。

23-1 フォニックス・ルールと音のチェック

単語	発音記号	フォニックス・ルール	ルール番号
need	[n]	１字子音の n	p.29-9
	[iː]	母音ペア①の ee	p.47-74
	[d]	１字子音の d	p.29-7
to	[t]	１字子音の t	p.29-6
	[ə]	弱い o	p.35-34

Memo

23-2 フォニックス耳のツボ 🎵 🅔

★ d に t が続くと d の音が落ちる

n ee d t o
ニ ィ ッ ★ トゥ

だから、こんな風に聞こえる！

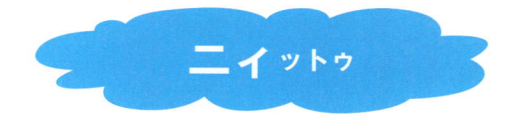

ニィットゥ

23-3 レッツ！ 基本のフレーズ音読 🎵 🅔

need to
need to
need to
need to
（again）
need to
need to
need to
need to

23-4 会話に役立つフォニックス・リズム音読 🎵 🅒

Easy Level（初級） ★★★　　かんたん、かんたん！

① I **need to** go.

② You **need to** know.

③ They **need to** hurry.

④ You **need to** smile.

> ① 行かなくちゃ。
> ② あなたは知っておかなくちゃ。
> ③ 彼らは急がなくちゃ。
> ④ あなたは笑顔にならなくちゃ。

Medium Level（中級） ★★★　　ちょっとコツが必要！

⑤ I **need to** be there.

⑥ You **need to** cancel.

⑦ They **need to** book first.

⑧ We **need to** call him now.

> ⑤ そこに行かなくちゃ。
> ⑥ あなたはキャンセルしなくちゃ。
> ⑦ 彼らはまず予約をしなくちゃ。
> ⑧ 私たちは彼に電話をしなくちゃ。

2章　60のフレーズでフォニックス・リズム音読

Challenge Level（上級） ★★★〜★★★　これが言えたらカンペキ！

⑨　I **need to** take time out.

⑩　You **need to** act immediately.

⑪　They **need to** go for a walk.

⑫　We **need to** catch up on our work.

⑨　ひと休みする必要があります。
⑩　あなたは今すぐ行動を起こさなくてはなりません。
⑪　彼らは散歩に行かなくてはなりません。
⑫　私たちは仕事の遅れを取り戻さなくてはなりません。

会話でフレーズを使ってみよう 23

A: I'm so sorry that my son broke your precious vase.

B: No, no, there's no **need to** apologize. It's only 200 years old.

A: うちの息子が大切な花瓶を割ってしまってごめんなさい。
B: いえいえ、お気になさらず。せいぜい200年前のものですから。

24
ought to〜

（〜するべきです）

　義務を表し「〜すべきだ」という意味で使われます。**ought to** のあとには動詞の原形が続きます。なお、「〜のはずである」のように見込みや推測を示すこともあります。He **ought to** be home by now. は「彼、もう到着してもいい頃なのに」という意味ですが、それと同時に"でもなんでまだ着いていないのかしら"といった話者の不安やいらだちも表します。なお、ought の gh は黙字の gh といい、発音しません。

24-1 フォニックス・ルールと音のチェック

単語	発音記号	フォニックス・ルール	ルール番号
ought	[ɔː]	音を伸ばす ou	p.56-104
	-	黙字の gh	p.56-豆知識 8
	[t]	1字子音の t	p.29-6
to	[t]	1字子音の t	p.29-6
	[ə]	弱い o	p.35-34

Memo

24-2 フォニックス耳のツボ 🎵 🅒

① ought の ou は「オゥ」ではなく「オー」と伸ばす
② 読まない gh に注意！
③ t が連続すると、最初の t の音は落ちる

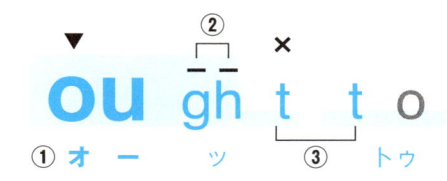

▼ ② ×
ou gh t t o
① オ ー ッ ③ トゥ

だから、こんな風に聞こえる！

オーットゥ

24-3 レッツ！ 基本のフレーズ音読 🎵 🅒

ought to
ought to
ought to
ought to
（again）
ought to
ought to
ought to
ought to

24-4 会話に役立つフォニックス・リズム音読

Easy Level（初級） ★★★　　かんたん、かんたん！

① You **ought to** go.

② He **ought to** study.

③ She **ought to** know.

④ We **ought to** read.

　① あなたは行くべきです。
　② 彼は勉強するべきです。
　③ 彼女は知るべきです。
　④ 私たちは読むべきです。

Medium Level（中級） ★★★　　ちょっとコツが必要！

⑤ You **ought to** write Jane.

⑥ You **ought to** meet Ed.

⑦ They **ought to** prepare it.

⑧ She **ought to** relax a bit.

　⑤ あなたはジェーンに手紙を書くべきです。
　⑥ あなたはエドに会うべきです。
　⑦ 彼らは準備をするべきです。
　⑧ 彼女は少しリラックスするべきです。

2章　60のフレーズでフォニックス・リズム音読

Challenge Level（上級）★★★〜★★★　これが言えたらカンペキ！

⑨　I **ought to** be on a diet.

⑩　I **ought to** cram hard all week.

⑪　You **ought to** give up smoking.

⑫　We **ought to** get together some time.

⑨　私はダイエットをしなくてはならない。
⑩　私は一週間を通して、しっかり勉強しなくてはならない。
⑪　あなたは禁煙するべきです。
⑫　私たちはまたいつか再会しなくちゃね。

会話でフレーズを使ってみよう 24

A: You **ought to** meet Harry. He's so nice.

B: Wow, when are you going to arrange a date for us?

A: ハリーにぜったい会うべきよ。彼、とてもいい人なの。
B: ワ〜ォ、いつデートの約束を取りつけてくれる？

25
Why don't you～?

（～したらどうですか？）

　whyの意味に引っ張られて「なぜ～しないの？」と訳してしまう人もいるようですが、正しくは「～したらどうですか」という提案の表現です。Why not（＋動名詞）～? も同じ意味を持つカジュアルな表現で、会話ではよく使われます。なお、yは「イャ」と読む子音字ですが、「アィ」と読む母音字の働きもします。whyやskyなど語尾のyはこのように母音字読みをします。

25-1 フォニックス・ルールと音のチェック

単語	発音記号	フォニックス・ルール	ルール番号
Why	[hw]	二重子音字のwh	p.37-22
	[ai]	語末のy	p.55-97
don't	[d]	1字子音のd	p.29-7
	[ou]	アルファベット読みのo	p.47-豆知識7
	[n]	1字子音のn	p.29-9
	[t]	1字子音のt	p.29-6
you	[j]	1字子音のy	p.31-22
	[uː]	例外（＝you）	p.47-73

25-2 フォニックス耳のツボ 🎵 🎧

★ t に y が続くと ch [tʃ] の音に変化する

wh y **d o n'** ty ou
[ai] ▼ ★ch
（ホ）ワィ　　ドゥン　　　チュゥ

だから、こんな風に聞こえる！

⬇

（ホ）ワィ **ドゥン** チュゥ

25-3 レッツ！ 基本のフレーズ音読 🎵 🎧

why don't you
why don't you
why don't you
why don't you
（again）
why don't you
why don't you
why don't you
why don't you

25-4 会話に役立つフォニックス・リズム音読

Easy Level（初級） ★★★　かんたん、かんたん！

① **Why don't you** wait?

② **Why don't you** ask?

③ **Why don't you** come?

④ **Why don't you** read it?

　① 待ったらどう？
　② 尋ねたらどう？
　③ 来たらどう？
　④ 読んだらどう？

Medium Level（中級） ★★★　ちょっとコツが必要！

⑤ **Why don't you** eat more?

⑥ **Why don't you** buy it?

⑦ **Why don't you** try this?

⑧ **Why don't you** talk to me?

　⑤ もっと食べたらどう？
　⑥ それを買ったらどう？
　⑦ これを試してみたらどう？
　⑧ 私に話してみてはどう？

2章　60のフレーズでフォニックス・リズム音読

Challenge Level（上級） ★★★〜★★★　これが言えたらカンペキ！

⑨　**Why don't you** take the airport limo?

⑩　**Why don't you** check it on the Internet?

⑪　**Why don't you** use up your flier miles?

⑫　**Why don't you** study abroad if it's your dream?

⑨　空港行きのリムジンに乗ったらどうですか？
⑩　インターネットで調べたらどうですか？
⑪　航空会社のマイレージを使い切ったらどうですか？
⑫　もしそれがあなたの夢ならば、留学したらどうですか？

会話でフレーズを使ってみよう 25

A: **Why don't you** wait inside? It's cold out there.

B: Thank you, Meg. But I'm going to propose to her here tonight.

A: 中で待ったら？外は寒いでしょ。
B: ありがとう、メグ。でも、今晩ここで彼女にプロポーズをするつもりなんだ。

26 I'd like you to～

（あなたに～をしてもらいたい）

　I'd like to は I want to よりも丁寧な依頼の表現です。なお、I'd like to ＋ 動詞の原形は「自分が～をしたい」ですが **I'd like you to** ＋動詞の原形は「（私は）あなたに～をしてもらいたい」となります。"you" が入るだけで意味がまったく変わってしまいますね。

26-1 フォニックス・ルールと音のチェック

単語	発音記号	フォニックス・ルール	ルール番号
I'd	[ai]	アルファベット読みの i	p.47-豆知識 4
	[d]	1字子音の d	p.29-7
like	[l]	1字子音の l	p.30-15
	[ai]	サイレント E の i_e	p.53-93
	[k]	1字子音の k	p.29-4
you	[j]	1字子音の y	p.31-22
	[uː]	例外（= y<u>ou</u>）	p.47-73
to	[t]	1字子音の t	p.29-6
	[ə]	弱い o	p.35-34

26-2 フォニックス耳のツボ 🎵 ⓔ

★ kにyが続くとQのアルファベット読みに聞こえる

I'd l i ky ou t o
　　　　Q
アイ ドゥ　ライ　キュー　　　トゥ

だから、こんな風に聞こえる！

アイドゥ ライ キュートゥ

26-3 レッツ！ 基本のフレーズ音読 🎵 ⓔ

I'd like you to
I'd like you to
I'd like you to
I'd like you to
（again）
I'd like you to
I'd like you to
I'd like you to
I'd like you to

26-4 会話に役立つフォニックス・リズム音読

Easy Level（初級） ★★★　　かんたん、かんたん！

① **I'd like you to** go.

② **I'd like you to** look.

③ **I'd like you to** know.

④ **I'd like you to** study.

① あなたに行ってもらいたいです。
② あなたに見てもらいたいです。
③ あなたに知ってもらいたいです。
④ あなたに勉強してもらいたいです。

Medium Level（中級） ★★★　　ちょっとコツが必要！

⑤ **I'd like you to** pay half.

⑥ **I'd like you to** fax the sheet.

⑦ **I'd like you to** count me in.

⑧ **I'd like you to** order for me.

⑤ 半分支払ってもらいたいです。
⑥ この用紙をファックスしてもらいたいです。
⑦ 私も仲間に入れてもらいたいです。
⑧ 私のために注文していただきたいです。

2章　60のフレーズでフォニックス・リズム音読

Challenge Level（上級）★★★〜★★★　これが言えたらカンペキ！

⑨　**I'd like you to** be punctual.

⑩　**I'd like you to** fix the bike.

⑪　**I'd like you to** babysit tonight.

⑫　**I'd like you to** show me how to use it.

⑨　時間厳守でお願いします。
⑩　この自転車を直してもらいたいです。
⑪　今夜、あなたにベビーシッターをお願いしたいです。
⑫　あなたにそれの使い方を教えていただきたいです。

会話でフレーズを使ってみよう 26

A: **I'd like you to** do a favor for me, please?

B: Oh, I have a very bad feeling about the way you sound, Patty.

A: 1つお願いしたいことがあるんだけど、よいかしら？
B: あー、なんだかすごくイヤな予感のする響きだな、パティ。

27
They're～

（彼らは〜です）

they're は they are の短縮形です。会話ではこのかたちが使われることが多いので聞き取りに注意が必要です。なお、they は特定の"彼ら"という意味のほか、They speak German in Austria. のように"世間一般の人々"（ここではオーストリアに住む人々）として使われる場合もあります。ちなみに、they の ey は「エィ」と読みます。survey（調査する）や obey（従う）など数は多くありませんが同様の読み方をする単語もあります。

27-1 フォニックス・ルールと音のチェック

単語	発音記号	フォニックス・ルール	ルール番号
they	[ð]	二重子音字の声の th	p.37-40
	[ei]	a のアルファベット読みをする ey	—
're	[ər]	例外（= 're）	p.35-36

Memo

2章　60のフレーズでフォニックス・リズム音読

27-2 フォニックス耳のツボ 🎵 🅔

they と are はくっついて their のように聞こえる

they're → "their"
ゼ ア

だから、こんな風に聞こえる！

ゼア

27-3 レッツ！基本のフレーズ音読 🎵 🅔

they're
they're
they're
they're
（again）
they're
they're
they're
they're

27-4 会話に役立つフォニックス・リズム音読

Easy Level（初級） ★★★　　かんたん、かんたん！

① **They're** kind.

② **They're** nice.

③ **They're** rich.

④ **They're** young.

　① 彼らは親切。
　② 彼らはすてき。
　③ 彼らは金持ち。
　④ 彼らは若い。

Medium Level（中級） ★★★　　ちょっとコツが必要！

⑤ **They're** moving out.

⑥ **They're** traveling.

⑦ **They're** from France.

⑧ **They're** Portuguese.

　⑤ 彼らは引っ越しをします。
　⑥ 彼らは旅行中です。
　⑦ 彼らはフランス出身です。
　⑧ 彼らはポルトガル人です。

Challenge Level（上級） ★★★〜★★★　これが言えたらカンペキ！

⑨　**They're** visiting Japan in two weeks.
⑩　**They're** planning on going to Peru.
⑪　**They're** reading the book silently.
⑫　**They're** going shopping after lunch.

⑨　彼らは2週間後に日本を訪問します。
⑩　彼らはペルーに行く予定です。
⑪　彼らは本を黙読しています。
⑫　彼らは昼食後に買い物をするつもりです。

会話でフレーズを使ってみよう 27

A: Kate loves chatting and so does her mother, right?

B: Yeah. **They're** alike in many ways, aren't they?

A: ケイトはおしゃべり好きで、彼女のお母さんもそうよね？
B: うん。あの2人、似ているところが多いと思わない？

Memo

28

I've～

（私は~したことがある、~している）

I've は I have の短縮形で、あとに過去分詞が続くと現在完了形になります。会話では、**I've** で読まれるのが普通ですが、have がはっきり聞こえなくても過去分詞があとに続けばすぐに完了形だとわかるので心配無用です。むしろ have が強すぎると、ネイティブスピーカーはそこに特別な意味を探し出そうとしてしまうかも知れません！

28-1 フォニックス・ルールと音のチェック

単語	発音記号	フォニックス・ルール	ルール番号
I	[ai]	アルファベット読みの i	p.47-豆知識 4
've	[v]	1 字子音の v	p.29-11
	-	読まない語末の e	p.53-ひとこと 3

Memo

2章　60のフレーズでフォニックス・リズム音読

28-2 フォニックス耳のツボ 🎵 🅔

★ I と have はくっついて I've になる

I've
アイ ★ ヴ

だから、こんな風に聞こえる！

⬇

アィヴ

28-3 レッツ！ 基本のフレーズ音読 🎵 🅔

I've
I've
I've
I've
（again）
I've
I've
I've
I've

CD 41

28-4 会話に役立つフォニックス・リズム音読 🎵

Easy Level（初級）★★★　　かんたん、かんたん！

① **I've** got it.

② **I've** read it.

③ **I've** met her.

④ **I've** tried that.

　① わかったよ。
　② 読んだことがあるよ。
　③ 彼女に会ったことがあるよ。
　④ それをやってみたことがあるよ。

Medium Level（中級）★★★　　ちょっとコツが必要！

⑤ **I've** told you before.

⑥ **I've** got a bad cold.

⑦ **I've** been so lucky.

⑧ **I've** had enough.

　⑤ 前も言ったよね。
　⑥ 悪い風邪をひいてしまった。
　⑦ とてもラッキーです。
　⑧ じゅうぶんいただきました。（※食事のあと）

Challenge Level（上級） ★★★〜★★★　これが言えたらカンペキ！

⑨　**I've** tried the recipe once.

⑩　**I've** been looking to the future.

⑪　**I've** bought a gift for Ms. Watson.

⑫　**I've** decided to take German lessons.

⑨　このレシピを一度試したことがあります。
⑩　未来に期待しています。
⑪　ワトソンさんへの贈り物を買いました。
⑫　ドイツ語のレッスンを受ける決心をしました。

会話でフレーズを使ってみよう 28

A: I'll never love anyone because if they break my heart, it'll kill me.

B: **I've** been there, too…

A: もう誰も好きにならない。失恋したら、死ぬほどつらいから。
B: 僕も同じ経験があるよ…。

29
Shall I～?

（～しましょうか？）

　Shall I open the window?（窓をあけましょうか？）のように、**Shall I～?** は申し出の表現です。通常「～しましょうか？」という意味で使われますが、主語を変えて Shall we にすると「～をしましょう」のように、提案を表す表現になります。ニュアンスとしては Let's と似ていますね。ちなみに、shall の sh と同じ読み方をするつづり字に ci（spe<u>ci</u>al）や si（man<u>si</u>on）などがあります。また、フランス語源の <u>ch</u>ef（シェフ）も同様です。

29-1 フォニックス・ルールと音のチェック

単語	発音記号	フォニックス・ルール	ルール番号
Shall	[ʃ]	二重子音字の sh	p.37-38
	[ə]	弱い a	p.35-30
	[l]	重子音字の ll （＝1字子音の l）	p.30-ひとこと2
I	[ai]	アルファベット読みの i	p.47-豆知識4

Memo

29-2 フォニックス耳のツボ 🎵 ⓔ

① 単語のなかで同じ子音字（ll）が続くとき、
　1つのつづり字（＝l）として読む
② 子音字 l に i（＝ai）が続くと、2つの音がくっつき lai になる

sh a ll i
　　シャ ラ イ

だから、こんな風に聞こえる！

シャ**ライ**

29-3 レッツ！ 基本のフレーズ音読 🎵 ⓔ

shall I
shall I
shall I
shall I
（again）
shall I
shall I
shall I
shall I

29-4 会話に役立つフォニックス・リズム音読

Easy Level（初級） ★★★　　かんたん、かんたん！

① **Shall I** come?

② **Shall I** wait?

③ **Shall I** pay?

④ **Shall I** open it?

① 来ましょうか？
② 待ちましょうか？
③ 払いましょうか？
④ 開けましょうか？

Medium Level（中級） ★★★　　ちょっとコツが必要！

⑤ **Shall I** tell him?

⑥ **Shall I** meet Jane?

⑦ **Shall I** go with you?

⑧ **Shall I** switch it on?

⑤ 彼に伝えましょうか？
⑥ ジェーンに会いましょうか？
⑦ お供しましょうか？
⑧ スイッチを入れましょうか？

Challenge Level（上級）★★★〜★★★　これが言えたらカンペキ！

⑨　**Shall I** close the window?

⑩　**Shall I** carry the suitcase?

⑪　**Shall I** give you a ride later?

⑫　**Shall I** order some vegetable dishes?

⑨　窓を閉めましょうか？
⑩　スーツケースをお持ちしましょうか？
⑪　あとで家まで送りましょうか？
⑫　野菜の料理を注文しましょうか？

会話でフレーズを使ってみよう 29

A: How many strokes does this kanji have? I can't count them.

B: **Shall I** write it down for you? OK, "bara" or a rose …hum, that's tough.

A: この漢字は何画ですか？数えられません。
B: 僕が書いてあげようか？どれどれ、「薔薇」ですか…。
　　ん？　これはやっかいだな。

30

There's～

（～があります）

　there's は there is または there has の短縮形です。見分け方の基準としては、**there's** に名詞が続いたら there is、**there's** に過去分詞が続いたら there has です。なお、there is（～があります）は存在を表しますが、I go there. のように場所を表す副詞（そこに）としても使われます。ちなみに、there の ere は例外のつづり字で「エァ」と読みます。この読み方で一般的なのは fair（公平な）や care（世話）などです。

30-1 フォニックス・ルールと音のチェック

単語	発音記号	フォニックス・ルール	ルール番号
There	[ð]	二重子音字の声の th	p.37-40
	[εər]	例外（= there）	p.51-86
's	[z]	z と読む 1 字子音の s	p.30-14

Memo

30-2 フォニックス耳のツボ 🎵 🅔

★ there と is、there と has はくっついて theirs のように聞こえる。

there's → "**theirs**"
ゼァズ

だから、こんな風に聞こえる！

⬇

ゼアズ

30-3 レッツ！ 基本のフレーズ音読 🎵 🅔

there's
there's
there's
there's
（again）
there's
there's
there's
there's

30-4 会話に役立つフォニックス・リズム音読 🎵 🌐

Easy Level（初級） ★★★　　かんたん、かんたん！

① **There's** no one.

② **There's** a hint.

③ **There's** some hope.

④ **There's** some water.

　　① 誰もいません。
　　② ヒントがあります。
　　③ わずかな希望があります。
　　④ お水があります。

Medium Level（中級） ★★★　　ちょっとコツが必要！

⑤ **There's** a loud noise.

⑥ **There's** always love.

⑦ **There's** no exception.

⑧ **There's** nothing to it.

　　⑤ 大きな音がしています。
　　⑥ つねに愛があります。
　　⑦ 例外はありません。
　　⑧ それとは何の関係もありません。

Challenge Level (上級) ★★★～★★★　これが言えたらカンペキ！

⑨　**There's** no need to apologize.

⑩　**There's** a chance of rain tonight.

⑪　**There's** no more salt and pepper left.

⑫　**There's** been a lack of communication.

⑨　謝る必要はありません。
⑩　今晩は雨の予報です。
⑪　塩もこしょうも残っていません。
⑫　コミュニケーション不足です。

会話でフレーズを使ってみよう 30

A: **There's** something about Mary.

B: I know. All men are crazy about her!

A: メアリーには魅力があるよね。
B: ああ。男性ならだれでも彼女に夢中さ！

Memo

31
How's 〜?

（〜はどうですか？）

how's は how is の短縮形で名詞が続き、その名詞の調子を尋ねるときに使います。名詞の部分には人や物、事柄が入ります。なお、know-how（ノウハウ）や how-to（ハウトゥー）のように複合語を作ることもあります。また、フォニックスのルールでは ow には「オゥ」(kn<u>ow</u>) と「アゥ」(n<u>ow</u>) の2つの読み方がありますが、あいにく読み方を見分ける黄金律がないため、単語ごとに覚えましょう。

31-1 フォニックス・ルールと音のチェック

単語	発音記号	フォニックス・ルール	ルール番号
How	[h]	1字子音の h	p.30-18
	[au]	母音ペア②の ow	p.49-77
's	[z]	z と読む1字子音の s	p.30-14

Memo

31-2 フォニックス耳のツボ 🎵 🎧

★ how と is はくっついて how's になる

h ow' s
ハゥ　　ズ
[z]

だから、こんな風に聞こえる！

ハウズ

31-3 レッツ！基本のフレーズ音読 🎵 🎧

how's
how's
how's
how's
（again）
how's
how's
how's
how's

31-4 会話に役立つフォニックス・リズム音読

Easy Level（初級） ★★★　かんたん、かんたん！

① **How's** that?
② **How's** Meg?
③ **How's** your eye?
④ **How's** the size?

① どう？
② メグは元気？
③ 目の調子はどう？
④ サイズはどう？

Medium Level（中級） ★★★　ちょっとコツが必要！

⑤ **How's** your family?
⑥ **How's** everything?
⑦ **How's** the weather?
⑧ **How's** the result?

⑤ ご家族は元気ですか？
⑥ 調子はいかがですか？
⑦ 天気はどうですか？
⑧ 結果はどうですか？

2章　60のフレーズでフォニックス・リズム音読

Challenge Level（上級） ★★★〜★★★　これが言えたらカンペキ！

⑨　**How's** business these days?

⑩　**How's** your new life in Vienna?

⑪　**How's** the new assistant doing?

⑫　**How's** your coffee, Mr. Washington?

⑨　最近、仕事の調子はどうですか？
⑩　ウィーンでの新生活はどうですか？
⑪　新しいアシスタントはどんな感じ？
⑫　ワシントンさん、コーヒーのお味はいかがですか？

会話でフレーズを使ってみよう 31

A: **How's** the project coming?

B: I'll check with Peter about the progress and get back to you right away.

A: プロジェクトはどうなっているかな？
B: 進行具合をピーターに確認し、すぐに折り返しご連絡します。

32
Can I～?

（～してもいいですか？）

Can I～? は「～してもいいですか？」と相手に許可を求める言い回しですが、例えば、**Can I** give you a ride?（車で送りましょうか？）のように「give＋人」の場合は視点が変わり、行為の申し出を示す表現（～してあげる）になります。なお、I は「アィ」と読みますが、同じ読み方をするつづり字に -ind、-ild があります。前者の例には f<u>ind</u>（見つける）や m<u>ind</u>（心）など、後者には ch<u>ild</u>（子供）や w<u>ild</u>（野生の）などがあります。

32-1 フォニックス・ルールと音のチェック

単語	発音記号	フォニックス・ルール	ルール番号
Can	[k]	1字子音の硬いc	p.29-3
	[æ]	フォニックス読みのa	p.33-25
	[n]	1字子音のn	p.29-9
I	[ai]	アルファベット読みのi	p.47-豆知識4

Memo

32-2 フォニックス耳のツボ 🎵 🅔

★ n に i（＝ai）が続くと、2つの音がくっつき nai になる

c a **n I**
キャ ナ アイ
[a i]

だから、こんな風に聞こえる！

キャナアイ

32-3 レッツ！ 基本のフレーズ音読 🎵 🅔

can I
can I
can I
can I
（again）
can I
can I
can I
can I

32-4 会話に役立つフォニックス・リズム音読

Easy Level（初級）★★★　　かんたん、かんたん！

① **Can I** go?

② **Can I** eat?

③ **Can I** leave?

④ **Can I** come in?

　① 行ってもいい？
　② 食べてもいい？
　③ 出発してもいい？
　④ 入ってもいい？

Medium Level（中級）★★★　　ちょっとコツが必要！

⑤ **Can I** park here?

⑥ **Can I** switch seats?

⑦ **Can I** smoke here?

⑧ **Can I** see the green one?

　⑤ ここに駐車してもいいですか？
　⑥ 席を代わってもいいですか？
　⑦ ここでタバコを吸ってもいいですか？
　⑧ 緑色のを見せてもらえますか？

2章 60のフレーズでフォニックス・リズム音読

Challenge Level（上級）★★★〜★★★★　これが言えたらカンペキ！

⑨　**Can I** have a word with you?

⑩　**Can I** get a refund, please?

⑪　**Can I** test drive it before I sign?

⑫　**Can I** take some vacation days next week?

⑨　ちょっとお話してもいいですか？
⑩　返金してもらえますか？
⑪　契約をする前に試し乗りしてもいいですか？
⑫　来週、休暇を取ってもいいですか？

会話でフレーズを使ってみよう 32

A: **Can I** have another?

B: Sure, help yourself.

A: もう一杯もらってもいい？
B: もちろん、ご自由にどうぞ。

Memo

33

if it's〜

（もし〜なら）

　if it's〜は「もし〜なら」のように、ある条件について仮定を述べるときに用います。**If it's** OK with you.（もしあなたの都合が OK なら）などは、日常会話でもよく使われるフレーズです。なお、このときの it は特に「それ」と訳さなくても大丈夫です。

　また、if と it の母音字はどちらも i ですが、前者は弱くかすかに（弱母音）、後者は強くはっきりと（強母音）発音します。そうすることで、英語らしい自然なイントネーションが生まれます。

33-1 フォニックス・ルールと音のチェック

単語	発音記号	フォニックス・ルール	ルール番号
if	[i]	弱い i ②	p.35-33
	[f]	1字子音の f	p.29-10
it's	[ɪ]	フォニックス読みの i	p.33-27
	[ts]	2字子音の ts	—

Memo

2章　60のフレーズでフォニックス・リズム音読

33-2 フォニックス耳のツボ 🎵 🎧

① f に弱い i が続くと、2つの音がくっつき fi になる
② t と s が語末で連続するとき「ツ」（＝ts）と読む

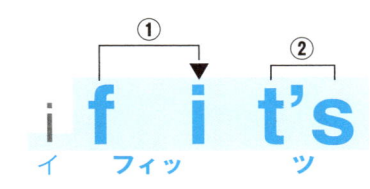

　　　①　　　　②
　i f　　i t's
　イ　フィッ　　ツ

だから、こんな風に聞こえる！

　　ィフィッツ

33-3 レッツ！ 基本のフレーズ音読 🎵 🎧

if it's
if it's
if it's
if it's
（again）
if it's
if it's
if it's
if it's

33-4 会話に役立つフォニックス・リズム音読

Easy Level(初級) ★★★　　かんたん、かんたん！

① **If it's** true.

② **If it's** yours.

③ **If it's** correct.

④ **If it's** all right.

　① もしそれが真実なら。
　② もしそれがあなたのなら。
　③ もし正しいのなら。
　④ もし大丈夫なら。

Medium Level(中級) ★★★　　ちょっとコツが必要！

⑤ **If it's** possible.

⑥ **If it's** right or wrong.

⑦ **If it's** convenient for you.

⑧ **If it's** not a problem for you.

　⑤ もし可能なら。
　⑥ もしそれが正しかろうと間違っていようと。
　⑦ もし都合がよいのなら。
　⑧ もし問題がなければ。

Challenge Level（上級） ★★★〜★★★　これが言えたらカンペキ！

⑨　I'd like to join you, **if it's** OK.

⑩　I don't care **if it's** just a rumor.

⑪　I'll take the offer **if it's** a full-time.

⑫　Yes, **if it's** not too much trouble.

> ⑨　もしOKなら私も参加したいです。
> ⑩　それが噂であっても、私には関係のないことです。
> ⑪　もし常勤の仕事なら引き受けます。
> ⑫　はい、もしご迷惑でなければ。

会話でフレーズを使ってみよう 33

A: Let me know **if it's** difficult for you to be here by 7.

B: I think I can make it but I'll text you when I get to the station, just to be sure.

> A: もし7時までにここに来るのが難しいようでしたらご連絡ください。
> B: 多分間に合うと思いますが、念のため駅に着いたら携帯からメールしますね。

34
Is this〜?

（これは〜ですか？）

Is this〜? は p.102 に出てきた This is〜の疑問文です。**Is this** card OK?（このカードは使えますか？）や **Is this** dress for sale?（この服はセール品ですか？）など、日常会話でも使える表現がたくさんあります。

34-1 フォニックス・ルールと音のチェック

単語	発音記号	フォニックス・ルール	ルール番号
Is	[i]	弱いi②	p.35-33
	[z]	zと読む1字子音のs	p.30-14
this	[ð]	二重子音字の声のth	p.37-40
	[ɪ]	フォニックス読みのi	p.33-27
	[s]	1字子音のs	p.30-12

Memo

34-2 フォニックス耳のツボ 🎵 ℮

★zと読む１字子音のsに、声のthが続くとsの音が弱まる

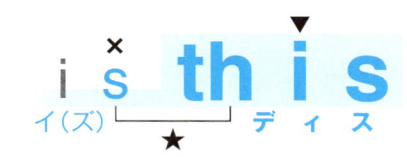

i s̽ **th** i s
イ(ズ)　　ディス

だから、こんな風に聞こえる！

⬇

イ(ズ) ディス

34-3 レッツ！ 基本のフレーズ音読 🎵 ℮

is this
is this
is this
is this
（again）
is this
is this
is this
is this

34-4 会話に役立つフォニックス・リズム音読 🎵

Easy Level（初級）★★★　　かんたん、かんたん！

① **Is this** it?

② **Is this** hers?

③ **Is this** new?

④ **Is this** love?

　① そういうこと？
　② これは彼女のもの？
　③ これは新品？
　④ これって愛？

Medium Level（中級）★★★　　ちょっとコツが必要！

⑤ **Is this** your pen?

⑥ **Is this** for kids?

⑦ **Is this** edible?

⑧ **Is this** the real thing?

　⑤ これはあなたのペンですか？
　⑥ これは子供用ですか？
　⑦ これは食用ですか？
　⑧ これは本物ですか？

2章　60のフレーズでフォニックス・リズム音読

Challenge Level（上級） ★★★〜★★★　これが言えたらカンペキ！

⑨　**Is this** your phone number?

⑩　**Is this** boiled enough to eat?

⑪　**Is this** what you're looking for?

⑫　**Is this** book written in Chinese?

　⑨　これはあなたの電話番号ですか？
　⑩　これはちゃんとゆであがっていますか？
　⑪　これはあなたが探しているものですか？
　⑫　この本は中国語で書かれていますか？

会話でフレーズを使ってみよう 34

A: **Is this** to go?

B: Yes. Can you throw some chopsticks into the bag for me, too?

　A: お持ち帰りですか？
　B: はい。袋にお箸も入れてもらえますか？

35
Won't you～?

（～をなさいませんか？）

　勧誘の表現で「～はいかがですか？」「～をなさいませんか？」の意味で使われ、とても丁寧な響きを持っています。なお、Will you～?（～をしますか？）と **Won't you～?**（～をなさいませんか？）、Do you～?（～ですか？）と Don't you～?（～ではないの？）はセットで覚えておくとよいでしょう。後者はいずれも否定疑問文と呼ばれています。なお、won't は「ウォント」ではなく「ウォゥント」です。この o は二重母音なので「オゥ」と発音しましょう。

35-1 フォニックス・ルールと音のチェック

単語	発音記号	フォニックス・ルール	ルール番号
Won't	[w]	1字子音の w	p.30-20
	[ou]	アルファベット読みの o	p.47-豆知識 7
	[n]	1字子音の n	p.29-9
	[t]	1字子音の t	p.29-6
you	[j]	1字子音の y	p.31-22
	[uː]	例外（= you）	p.47-73

35-2 フォニックス耳のツボ 🎵 🄲

① won't は "ウォント" ではなく "ウォゥント" と読む
② t に y が続くと ch [tʃ] の音に変化する

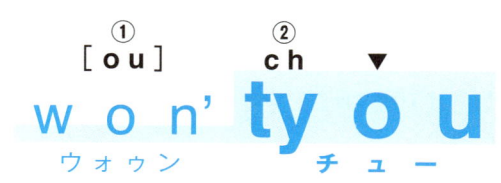

①　　　　②
[o u]　ch　▼

w o n' ty o u
ウォゥン　　チュー

だから、こんな風に聞こえる！

⬇

ウォゥン**チュー**

35-3 レッツ！ 基本のフレーズ音読 🎵 🄲

won't you
won't you
won't you
won't you
（again）
won't you
won't you
won't you
won't you

35-4 会話に役立つフォニックス・リズム音読

Easy Level（初級） ★★★　　かんたん、かんたん！

① **Won't you** listen?
② **Won't you** sit down?
③ **Won't you** join us?
④ **Won't you** have some?

　　① お聞きになりませんか？
　　② お掛けになりませんか？
　　③ ご一緒にどうですか？
　　④ 少しどうですか？

Medium Level（中級） ★★★　　ちょっとコツが必要！

⑤ **Won't you** come in?
⑥ **Won't you** come along?
⑦ **Won't you** have a bite?
⑧ **Won't you** come earlier?

　　⑤ お入りになりませんか？
　　⑥ 参加しませんか？
　　⑦ 一口いかがですか？
　　⑧ 早めにいらっしゃいませんか？

2章　60のフレーズでフォニックス・リズム音読

Challenge Level（上級） ★★★〜★★★　これが言えたらカンペキ！

⑨　**Won't you** pass me the salt?

⑩　**Won't you** have another helping?

⑪　**Won't you** take a taxi to get there?

⑫　**Won't you** have some tea, if you like?

⑨　お塩を取ってくれませんか？
⑩　おかわりはいかがですか？
⑪　そこまでタクシーで行ってはどうですか？
⑫　もしよろしかったら紅茶でもいかがですか？

会話でフレーズを使ってみよう 35

A: **Won't you** marry me?

B: That's what I wanted to hear from you! Yes, I will!

A: 僕と結婚してもらえますか？
B: その言葉が聞きたかったのよ。答えはもちろんイエスよ！

Memo

36
What about～?

（～はどうですか？）

「～はどうですか？」と意見を聞いたり、「～はいかがですか？」と何かを勧めたりするときに使える口語表現です。**What about～?** の what を how に変えて How about～? とすることもできます。about のうしろには名詞または動名詞をつけましょう。what の wh は読むときは順番が入れ替わり hw になりますが、話者によっては h を読まない人もいるので、what は "hwat" や "wat" のどちらかに聞こえます。

36-1 フォニックス・ルールと音のチェック

単語	発音記号	フォニックス・ルール	ルール番号
What	[hw]	二重子音字の wh	p.37-42
	[ʌ]	u のフォニックス読みをする a	p.33-29
	[t]	1字子音の t	p.29-6
about	[ə]	弱い a	p.35-30
	[b]	1字子音の b	p.28-1
	[au]	母音ペア②の ou	p.49-77
	[t]	1字子音の t	p.29-6

Memo

36-2 フォニックス耳のツボ 🎵 🅒

① t に弱い a が続くと、2 つの音はくっつき ta になる
② 母音にはさまれた t は、l のように聞こえる

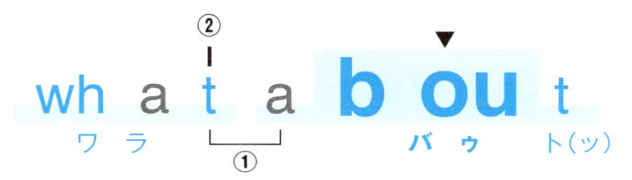

wh a t a b ou t
ワラ　　　　バゥ　ト(ッ)

だから、こんな風に聞こえる！

ワラバウト(ッ)

36-3 レッツ！ 基本のフレーズ音読 🎵 🅒

what about
what about
what about
what about
（again）
what about
what about
what about
what about

36-4 会話に役立つフォニックス・リズム音読

Easy Level（初級） ★★★　かんたん、かんたん！

① **What about** it?

② **What about** pink?

③ **What about** 7?

④ **What about** a coffee?

　① それはどう？
　② ピンク色はどう？
　③ 7時はどう？
　④ コーヒーはどう？

Medium Level（中級） ★★★　ちょっとコツが必要！

⑤ **What about** you, Ken?

⑥ **What about** taking a bus?

⑦ **What about** a drink tonight?

⑧ **What about** the northern route?

　⑤ あなたはどう、ケン？
　⑥ バスに乗るのはどう？
　⑦ 今晩、一杯どう？
　⑧ 北回りはどう？

Challenge Level（上級） ★★★〜★★★　これが言えたらカンペキ！

⑨ **What about** going to the movies?

⑩ **What about** Chinese food for lunch?

⑪ **What about** dinner at my place?

⑫ **What about** around noon, let's say, 12:10?

⑨ 映画でもどうですか？
⑩ ランチに中華料理はどうですか？
⑪ うちで夕食でもいかが？
⑫ お昼頃、そうですね、12時10分はどうですか？

会話でフレーズを使ってみよう 36

A: **What about** those who can't come by 10 a.m., then?

B: In that case, we would ask them to come back by noon the next day.

A: では、10時までに来れない人はどうすればいいですか？
B: その場合は、翌日の正午までに来てくださるようお願いします。

37

for a〜

（〜のために、〜の間）

　for は「〜のために」「〜用の」「〜を求めて」「〜の間」などさまざまな意味があります。**for a** のあとには単数名詞を持ってきましょう。また、**for a** song（格安で）のように慣用表現で使われることもあります。なお、or と ore は同じ読み方のため（ore の e は読みません）、for（〜のために）と fore（前方の）は同音異義語（音が同じで意味が異なる語）ですね（ただし、for の or を強く発音する場合に限りますが）。

37-1 フォニックス・ルールと音のチェック

単語	発音記号	フォニックス・ルール	ルール番号
for	[f]	1字子音の f	p.29-10
	[ər]	弱い or	p.35-36
a	[ə]	弱い a	p.35-30

Memo

2章　60のフレーズでフォニックス・リズム音読

37-2 フォニックス耳のツボ 🎵 ⓔ

★　弱い or に弱い a が続くと、2つの音はくっつき ora になる

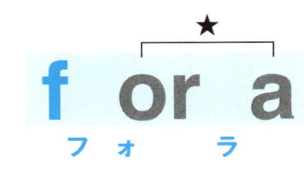

f **or a**
フォ　ラ

だから、こんな風に聞こえる！

フォラ

37-3 レッツ！ 基本のフレーズ音読 🎵 ⓔ

for a
for a
for a
for a
（again）
for a
for a
for a
for a

37-4 会話に役立つフォニックス・リズム音読

Easy Level(初級) ★★★　かんたん、かんたん！

① **For a** while.

② **For a** song.

③ **For a** laugh.

④ **For a** minute.

　① しばらくの間。
　② 格安で。
　③ 冗談で。
　④ 少しの間。

Medium Level(中級) ★★★　ちょっとコツが必要！

⑤ **For a** pastime.

⑥ **For a** few months.

⑦ **For a** rainy day.

⑧ **For a** year or two.

　⑤ 気晴らしに。
　⑥ 数カ月間。
　⑦ 万が一の場合に備えて。
　⑧ 1、2年間。

Challenge Level（上級） ★★★〜★★★　これが言えたらカンペキ！

⑨　What about soup **for a** starter?

⑩　Let's go **for a** stroll in the park.

⑪　I had to stop and think **for a** moment.

⑫　He teaches me English **for a** small fee.

⑨　まずはスープでもどうですか？
⑩　公園を散歩しましょう。
⑪　足を止め、しばし考えを巡らせる必要がありました。
⑫　彼はわずかな授業料で英語を教えてくれます。

会話でフレーズを使ってみよう 37

A: Amy is cute, sweet and an excellent cook…oh, I can't ask **for a** better girlfriend!

B: OK, OK, that's enough.

A: エイミーはかわいくて、優しくて、料理がとても上手なんだ…。
　　ああ、これ以上の彼女なんてぜったいにいないよ！
B: はい、はい、わかったよ。

38
Where's your～?

（あなたの～はどこですか？）

Where's your～? は Where is your～? または Where has your～? の短縮形です。他の短縮形と同じく会話では疑問副詞（ここでは where）は is や has などとくっついてしまいます。なお、your には強形と弱形があり、前者ははっきりと「ユァ」、後者は弱く「ヨァ」と発音します。your が強形になるのは、その意味を強めたいときです。（例：「"彼"のじゃなくて、"あ・な・た・の"かばんはどこ？」といった具合に）

38-1 フォニックス・ルールと音のチェック

単語	発音記号	フォニックス・ルール	ルール番号
Where's	[hw]	二重子音字の wh	p.37-42
	[ɛər]	例外（= where)	p.51-86
	[z]	z と読む1字子音の s	p.30-14
your	[j]	1字子音の y	p.31-22
	[uər]	例外（= your)	p.52-91

Memo

2章　60のフレーズでフォニックス・リズム音読

38-2 フォニックス耳のツボ 🎵 ⓔ

① where's your は "ウェアズョァ" と読む
② ただし、zと読むsにyが続くと、ヂュ＝[ʒ] に変化するので、特にスピードのある会話では "ウェアヂョァ" になる。

wh ere' sy our
ウェア　①ズ ョ ァ
　　　　②ヂ ョ ァ

だから、こんな風に聞こえる！

> ウェアズョァ
> または
> ウェアヂョァ

38-3 レッツ！ 基本のフレーズ音読 🎵 ⓔ

where's your
where's your
where's your
where's your
（again）
where's your
where's your
where's your
where's your

38-4 会話に役立つフォニックス・リズム音読

Easy Level（初級） ★★★　　かんたん、かんたん！

① **Where's your** pen?

② **Where's your** car?

③ **Where's your** key?

④ **Where's your** bike?

　　① あなたのペンはどこ？
　　② あなたの車はどこ？
　　③ あなたのカギは？
　　④ あなたの自転車はどこ？

Medium Level（中級） ★★★　　ちょっとコツが必要！

⑤ **Where's your** sister?

⑥ **Where's your** wife from?

⑦ **Where's your** computer?

⑧ **Where's your** favorite place?

　　⑤ 妹さんはどこにいますか？
　　⑥ 奥様はどちらの出身ですか？
　　⑦ あなたのコンピューターはどこですか？
　　⑧ あなたのお気に入りの場所はどこですか？

2章　60のフレーズでフォニックス・リズム音読

Challenge Level（上級） ★★★〜★★★　これが言えたらカンペキ！

⑨ **Where's your** motivation now?

⑩ **Where's your** dream vacation spot?

⑪ **Where's your** company located?

⑫ **Where's your** husband been transferred to?

⑨　あなたのやる気は今どこに？
⑩　あなたの夢の休日スポットはどこですか？
⑪　あなたの会社はどこですか？
⑫　ご主人はどちらへ転勤になったんですか？

会話でフレーズを使ってみよう 38

A: **Where's your** lovely wife?

B: My lovely wife is taking a long vacation with her friends in Korea.

A: 最愛の奥さまはどちらに？
B: 最愛の奥さまは、仲間とともに韓国へ長期旅行中でございます。

39
good at〜

（〜が得意です）

be 動詞 + **good at** + 名詞または動名詞のかたちをとり、特技や得意なことを伝えるときに使える便利なフレーズです。前置詞の at の部分を入れ替えて He's good with words.（言葉が巧みだ）、Vegetables are good for you.（野菜は健康にいい）、They've been good to me.（彼らはいつも親切だ）などのように表現にバリエーションを与えることもできますね。なお、good の oo は短い oo と言い「ウ」と発音します。ただし、日本語の「ウ」よりも、唇をすぼめて強くはっきりと言いましょう。

39-1 フォニックス・ルールと音のチェック

単語	発音記号	フォニックス・ルール	ルール番号
good	[g]	1字子音の硬いg	p.29-5
	[u]	母音ペア②の短いoo	p.49-80
	[d]	1字子音のd	p.29-7
at	[ə]	弱いa	p.35-30
	[t]	1字子音のt	p.29-6

Memo

2章　60のフレーズでフォニックス・リズム音読

39-2 フォニックス耳のツボ 🎵 ⓔ

★　dに弱いaが続くと、2つの音がくっつきdaになる

g oo d a t
グ　　　ダッ トッ

だから、こんな風に聞こえる！

グダットッ

39-3 レッツ！ 基本のフレーズ音読 🎵 ⓔ

good at
good at
good at
good at
（again）
good at
good at
good at
good at

39-4 会話に役立つフォニックス・リズム音読

Easy Level（初級） ★★★　　かんたん、かんたん！

① I'm **good at** sums.
② You're **good at** school.
③ He's **good at** jokes.
④ She's **good at** flattery.

　① 数字が得意です。
　② キミは学校の成績がよいね。
　③ 彼はジョークにたけています。
　④ 彼女はほめ上手です。

Medium Level（中級） ★★★　　ちょっとコツが必要！

⑤ You're **good at** languages.
⑥ He's **good at** everything.
⑦ I'm **good at** juggling tasks.
⑧ She's **good at** making friends.

　⑤ あなたは語学が達者ですね。
　⑥ 彼は万能です。
　⑦ 私は一度に複数の仕事をこなすのが得意です。
　⑧ 彼女は友達を作るのが上手です。

2章 60のフレーズでフォニックス・リズム音読

Challenge Level（上級） ★★★〜★★★　これが言えたらカンペキ！

⑨　I'm **good at** taking care of babies.

⑩　You're **good at** coping with a crisis.

⑪　Ron is **good at** reading people's minds.

⑫　She's **good at** making her way in life.

⑨　私は赤ちゃんの扱いが得意です。
⑩　あなたは危機管理に長けています。
⑪　ロンは人の心を読むのが上手です。
⑫　彼女は処世術を心得ています。

会話でフレーズを使ってみよう 39

A: Why don't you come to the party this weekend?

B: Well, I'm no **good at** socializing, so I'll stay at home.

A: 今週末、よかったらパーティに来ない？
B: そうだなぁ、僕は人付き合いが苦手なので、家にいるとするよ。

# 40

poor at～

（～が苦手です）

　good at（～が得意である）と反対の意味を持つのが **poor at** です。poor は「貧乏な」のほか「苦手な」「不得意な」という意味もあります。good at と同様に be 動詞 + **poor at** + 名詞・動名詞のかたちで覚えましょう。なお、poor の oor は「ウァ」ですが、fl<u>oor</u> や d<u>oor</u> のように oor と書いて「オァ」と読むこともあります。

40-1 フォニックス・ルールと音のチェック

単語	発音記号	フォニックス・ルール	ルール番号
poor	[p]	1字子音の p	p.28-2
	[uər]	r つき母音の oor	p.52-91
at	[ə]	弱い a	p.35-30
	[t]	1字子音の t	p.29-6

Memo

40-2 フォニックス耳のツボ 🎵 🅔

★ oor に弱い a が続くと、2 つの音はくっつき oora になる

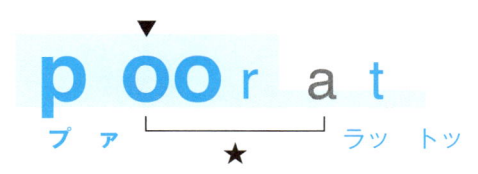

p **oo** r a t
　プァ　　　　　ラッ　トッ

だから、こんな風に聞こえる！

　　　プアラットッ

40-3 レッツ！ 基本のフレーズ音読 🎵 🅔

poor at
poor at
poor at
poor at
（again）
poor at
poor at
poor at
poor at

40-4 会話に役立つフォニックス・リズム音読

Easy Level（初級） ★★★　かんたん、かんたん！

① I'm **poor at** sports.

② He's **poor at** spelling.

③ She's **poor at** cooking.

④ Dan is **poor at** writing.

① 私はスポーツが苦手です。
② 彼はつづりが苦手です。
③ 彼女は料理が苦手です。
④ ダンは筆不精です。

Medium Level（中級） ★★★　ちょっとコツが必要！

⑤ I'm **poor at** directions.

⑥ I'm **poor at** tidying up.

⑦ She's **poor at** reading maps.

⑧ He's **poor at** singing songs.

⑤ 私は方向オンチです。
⑥ 私は部屋の片付けが苦手です。
⑦ 彼女は地図を読むのが苦手です。
⑧ 彼には歌唱力がありません。

2章 60のフレーズでフォニックス・リズム音読

Challenge Level（上級） ★★★〜★★★　これが言えたらカンペキ！

⑨　I'm **poor at** speaking in public.

⑩　She's **poor at** expressing her ideas.

⑪　Chris is **poor at** making conversation.

⑫　Ann is **poor at** doing math in her head.

⑨　私は人前で話すのが苦手です。
⑩　彼女は自分の考えを伝えるのがヘタです。
⑪　クリスは会話ベタです。
⑫　アンは暗算が苦手です。

会話でフレーズを使ってみよう 40

A: I am **poor at** flattery, but let me tell you, your hairstyle today is gorgeous!

B: You think so? Well, I changed hairdressers.

A: 僕はお世辞がヘタだけど、これだけは言わせて。今日のキミのヘアスタイル、最高だよ！
B: そう？ 実は美容室を変えたのよ。

41

Is it～?

（それは～ですか？）

Is it～? で始まる定型表現はたくさんありますが、<u>Is it ＋ 形容詞（for 人）＋ to 動詞の原形…？</u>はとても便利な表現です。Is it <u>OK</u> for <u>you</u> to <u>come</u>, too?（あなたも来れますか？）のように、下線部分を入れ替えれば会話の幅がぐんと広がりますね。また、下線の箇所を強く読むことで自然なイントネーションが生まれます。特に、OK や come などは意味上重要な単語なので<u>内容語</u>と呼ばれ、強く読みます。なお、文法的に機能するために必要とされる語句は<u>機能語</u>と言い、弱めに発音します。

41-1 フォニックス・ルールと音のチェック

単語	発音記号	フォニックス・ルール	ルール番号
Is	[i]	弱い i ②	p.35-33
	[z]	z と読む 1 字子音の s	p.30-14
it	[ɪ]	フォニックス読みの i	p.33-27
	[t]	1 字子音の t	p.29-6

Memo

2章　60のフレーズでフォニックス・リズム音読

41-2 フォニックス耳のツボ 🎵 ⓔ

★　zと読む1字子音のsに弱いiが続くと、
2つの音がくっつきziになる

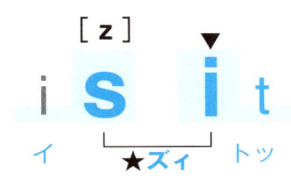

[z]

i s i t

イ　★ズィ　トッ

だから、こんな風に聞こえる！

イズイトッ

41-3 レッツ！基本のフレーズ音読 🎵 ⓔ

is it
is it
is it
is it
(again)
is it
is it
is it
is it

41-4 会話に役立つフォニックス・リズム音読 🎵 ℮

Easy Level（初級） ★★★   かんたん、かんたん！

① **Is it** so?
② **Is it** fun?
③ **Is it** good?
④ **Is it** OK?

① そうなの？
② 面白い？
③ いい？
④ OK？

Medium Level（中級） ★★★   ちょっとコツが必要！

⑤ **Is it** for me?
⑥ **Is it** still 9?
⑦ **Is it** all gone?
⑧ **Is it** hot enough?

⑤ 私に？
⑥ まだ9時なの？
⑦ 全部なくなっちゃった？
⑧ ちゃんと熱くなってますか？

2章 60のフレーズでフォニックス・リズム音読

Challenge Level（上級） ★★★〜★★★　これが言えたらカンペキ！

⑨　**Is it** possible to come by 6?

⑩　**Is it** too far to walk from here?

⑪　**Is it** just my imagination, maybe?

⑫　**Is it** a bad time for you to talk now?

⑨　6時までに来ることは可能ですか？
⑩　ここから歩いて行くには遠すぎますか？
⑪　きっと、単なる私の思い過ごしでしょうか？
⑫　今、お話するのはタイミングが悪いですか？

会話でフレーズを使ってみよう 41

A: You're going to chair the meeting next week, right?

B: **Is it** my turn already?

A: 来週の会議で進行役をするでしょう？
B: もう、ボクの番？

Memo

42
Would you～?

（～していただけますか？）

Would you～? は依頼表現で「～していただけますか？」という意味です。Will you～? よりも丁寧な言い回しですので、ぜひ覚えておきましょう。なお、つづり字 w は日本人の苦手な発音の1つです。日本語の「う」はあまり唇を丸めませんが、英語の w は唇をすぼめ、「ウ」と言いながら同時にたくさんの息を吐き出します。口の前に手のひらを近づけ「ウッ」と言ったとき、息の放出を感じればOKです。

42-1 フォニックス・ルールと音のチェック

単語	発音記号	フォニックス・ルール	ルール番号
Would	[w]	1字子音のw	p.30-20
	[u]	uのみ読むoul	p.55-102
	[d]	1字子音のd	p.29-7
you	[j]	1字子音のy	p.31-22
	[u:]	例外（= y<u>ou</u>）	p.47-73

Memo

42-2 フォニックス耳のツボ 🎵 ℮

★ d に y が続くと j [dʒ] の音に変化する

w ou l **dy ou**
ウ　　　ジュー

だから、こんな風に聞こえる！

⬇

　　ゥジュー

42-3 レッツ！ 基本のフレーズ音読 🎵 ℮

would you
would you
would you
would you
（again）
would you
would you
would you
would you

42-4 会話に役立つフォニックス・リズム音読

Easy Level（初級） ★★★　　かんたん、かんたん！

① **Would you** care?

② **Would you** mind?

③ **Would you**, please?

④ **Would you** need this?

　① 気にされますか？
　② 嫌ではないですか？
　③ よろしいですか？
　④ これは必要ですか？

Medium Level（中級） ★★★　　ちょっとコツが必要！

⑤ **Would you** like one?

⑥ **Would you** ask him?

⑦ **Would you** excuse us?

⑧ **Would you** call me back?

　⑤ ひとついかがですか？
　⑥ 彼に聞いてみてはいかがですか？
　⑦ 失礼してもよろしいですか？
　⑧ 折り返しお電話をいただけますか？

2章　60のフレーズでフォニックス・リズム音読

Challenge Level（上級） ★★★〜★★★　これが言えたらカンペキ！

⑨　**Would you** do me a favor?

⑩　**Would you** lend me a hand?

⑪　**Would you** mind waiting outside?

⑫　**Would you** like me to drive you home?

⑨　お願いがあるのですが。
⑩　ちょっと手を貸していただけますか？
⑪　外でお待ちいただけますか？
⑫　自宅まで車でお送りしましょうか？

会話でフレーズを使ってみよう 42

A: **Would you** care for something to drink?

B: A coffee would be lovely, thank you.

A: Black or white?

A: なにかお飲み物はいかがですか？
B: コーヒーをいただけますか。ありがとう。
A: ブラック、それともミルク入りで？

43

I'm afraid〜

（あいにく〜です）

I'm afraid I can't come.（あいにく来れません）のように **I'm afraid** はお断りをするときの前置きフレーズとして使われます。**I'm afraid** が相手の口から出てきたら、「あ、ダメなんだな…」と察しがつくというわけです。なお、of をつけて I'm afraid of にすると意味が変わり「〜が怖い」となります。of のあとには名詞か動名詞がきます。また、afraid の fr は子音ブレンド音です。余計な母音を挟まず「フ」と「ゥル」を一気に読みましょう。

43-1 フォニックス・ルールと音のチェック

単語	発音記号	フォニックス・ルール	ルール番号
I'm	[ai]	アルファベット読みの i	p.47-豆知識 4
	[m]	1字子音の m	p.29-8
afraid	[ə]	弱い a	p.35-30
	[fr]	子音ブレンドの fr	p.43-60
	[ei]	母音ペア①の ai	p.46-70
	[d]	1字子音の d	p.29-7

Memo

43-2 フォニックス耳のツボ 🎵 ⓔ

★ m に弱い a が続くと、2 つの音はくっつき ma になる

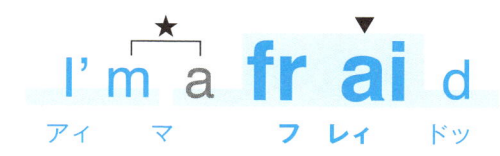

I'm a fr ai d
アィ マ フ レィ ドッ

だから、こんな風に聞こえる！

⬇

アィマ**フレイ**ドッ

43-3 レッツ！ 基本のフレーズ音読 🎵 ⓔ

I'm afraid
I'm afraid
I'm afraid
I'm afraid
（again）
I'm afraid
I'm afraid
I'm afraid
I'm afraid

43-4 会話に役立つフォニックス・リズム音読

Easy Level（初級） ★★★　　かんたん、かんたん！

① **I'm afraid** so.
② **I'm afraid** not.
③ **I'm afraid**, yes.
④ **I'm afraid**, no.

① あいにく、そうです。
② あいにく、違います。
③ 残念ながら、はいそうです。
④ 残念ながら、いいえそうではありません。

Medium Level（中級） ★★★　　ちょっとコツが必要！

⑤ **I'm afraid** I can't.
⑥ **I'm afraid** it isn't.
⑦ **I'm afraid** of heights.
⑧ **I'm afraid** of spiders.

⑤ あいにく、できません。
⑥ あいにく、そうではありません。
⑦ 私は高所恐怖症です。
⑧ 私はクモが怖い。

2章　60のフレーズでフォニックス・リズム音読

Challenge Level（上級） ★★★〜★★★　これが言えたらカンペキ！

⑨　**I'm afraid** I must be going now.

⑩　**I'm afraid** I can't agree with you.

⑪　**I'm afraid** you have the wrong number.

⑫　**I'm afraid** he might've missed the plane.

⑨　すみませんが、失礼しなくてはなりません。
⑩　あいにく、あなたに同意できません。
⑪　おかけ間違いだと思いますが。
⑫　彼は飛行機に乗り遅れちゃったんじゃないかしら。

会話でフレーズを使ってみよう 43

A: Frankly speaking, **I'm** half **afraid of** talking to my wife.

B: Me, too.

A: 正直なところ、カミさんと口をきくのがちょっと怖くてね。
B: 僕もなんですよ。

44

have a〜

（〜を持っています）

haveの基本的な意味はご存知の通り「〜を持っている」ですが、くっつく単語によってバリエーションも広がります。例えば、**have a** のあとに look や try を持ってくると「ちょっと〜する」という意味になります。**have a** look（ちょっと見てみる）や **have a** try（ちょっとやってみる）はよく使われる言い回しなので覚えておくと便利です。

44-1 フォニックス・ルールと音のチェック

単語	発音記号	フォニックス・ルール	ルール番号
have	[h]	1字子音のh	p.30-18
	[æ]	フォニックス読みのa	p.33-25
	[v]	1字子音のv	p.29-11
	-	読まない語末のe	p.53-ひとこと3
a	[ə]	弱いa	p.35-30

Memo

44-2 フォニックス耳のツボ 🎵 📱

★ vにaが続くと、2つの音がくっつきvaになる

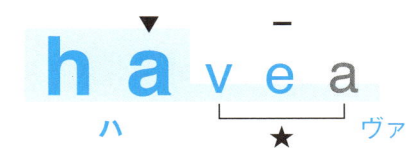

h ǎ v e ā
ハ　　　★　ヴァ

だから、こんな風に聞こえる！

ハヴァ

44-3 レッツ！ 基本のフレーズ音読 🎵 📱

have a
have a
have a
have a
（again）
have a
have a
have a
have a

44-4 会話に役立つフォニックス・リズム音読

Easy Level（初級） ★★★　　かんたん、かんたん！

① **Have a** bite.

② **Have a** look.

③ **Have a** seat.

④ **Have a** heart.

　① ひと口食べてみて。
　② ちょっと見て。
　③ 座って。
　④ そこをなんとか。

Medium Level（中級） ★★★　　ちょっとコツが必要！

⑤ **Have a** nice trip.

⑥ **Have a** try at it.

⑦ **Have a** pleasant stay.

⑧ **Have a** good weekend.

　⑤ いいご旅行を。
　⑥ トライしてみて。
　⑦ すてきな滞在を。
　⑧ いい週末を。

2章　60のフレーズでフォニックス・リズム音読

Challenge Level（上級） ★★★〜★★★　これが言えたらカンペキ！

⑨　**Have a** word with Penny about it.

⑩　**Have a** little more patience.

⑪　**Have a** coffee and make yourself at home.

⑫　**Have a** nice summer holiday, everyone!

⑨　その件についてペニーと相談してください。
⑩　もうちょっとの辛抱です。
⑪　コーヒーを飲んでおくつろぎください。
⑫　みなさん、すてきな夏休みを！

会話でフレーズを使ってみよう 44

A: OK, see you tomorrow, then.

B: **Have a** good one!

A: オーケー、じゃあ、また明日。
B: またねー！

Memo

45

That's～

（あれは～です）

That's～は That is～や That has～の短縮形です。**That's** cold.（冷たいです）のように that を訳さないほうが、しっくりくることもあります。なお、**That's**～を使った決まりフレーズには **That's** that.（それだけのこと）や **That's** more like it.（ずっといい）などがあります。

45-1 フォニックス・ルールと音のチェック

単語	発音記号	フォニックス・ルール	ルール番号
That's	[ð]	二重子音字の声の th	p.37-40
	[æ]	フォニックス読みの a	p.33-25
	[ts]	2字子音の ts	－

Memo

45-2 フォニックス耳のツボ 🎵 ⓔ

① that と is はくっついて that's になる
② t と s が語末で連続するとき「ツ」（=ts）と読む

th a t's
ザッ ツ

だから、こんな風に聞こえる！

ザッツ

45-3 レッツ！ 基本のフレーズ音読 🎵 ⓔ

that's
that's
that's
that's
（again）
that's
that's
that's
that's

45-4 会話に役立つフォニックス・リズム音読

Easy Level（初級） ★★★　　かんたん、かんたん！

① **That's** cold.

② **That's** good.

③ **That's** great.

④ **That's** life.

① 寒いね。
② いいね。
③ すごいね。
④ 人生とはそんなものね。

Medium Level（中級） ★★★　　ちょっとコツが必要！

⑤ **That's** right.

⑥ **That's** perfect.

⑦ **That's** correct.

⑧ **That's** all I know.

⑤ その通りです。
⑥ カンペキです。
⑦ 正解です。
⑧ 私が知っているのはそれだけです。

2章　60のフレーズでフォニックス・リズム音読

Challenge Level（上級）★★★〜★★★　これが言えたらカンペキ！

⑨　**That's** more like it.

⑩　**That's** a good question.

⑪　**That's** wonderful news.

⑫　**That's** a nice compliment, thank you.

⑨　ずっといいですね。
⑩　よい質問です（※特に、相手の問いに対して、答えにくいときの前置きとして）。
⑪　それは嬉しい報告です。
⑫　お褒めの言葉、どうもありがとう。

会話でフレーズを使ってみよう 45

A: Can you make the same samples, let's say 5 more of them?

B: **That's** easy to say. You'll never know how hard it was to make one!

A: 同じサンプルを、そうね、あと5つ作ってくれる？
B: 口で言うのは簡単だよね。1つ作るのにものすごく苦労したんだよ！

46
take care of～

（～の面倒をみる）

　take care of は「～の面倒をみる」という意味で of のあとには人や物、また事柄を表す名詞がきます。なお、**take care of** のように3つの単語でできている句動詞は、まんなかの語に最も強いアクセントがくるため、**take care of** は care の母音 are がアクセントの山となります。ちなみに、move on（先に進む）などの2単語の句動詞では、2番目の語句（ここでは on）のほうを強く読みます。

46-1 フォニックス・ルールと音のチェック

単語	発音記号	フォニックス・ルール	ルール番号
take	[t]	1字子音の t	p.29-6
	[ei]	サイレント E の a_e	p.53-92
	[k]	1字子音の k	p.29-4
care	[k]	1字子音の硬い c	p.29-3
	[ɛər]	r つき母音の are	p.51-86
of	[ə]	弱い o	p.35-34
	[v]	例外（= of）	p.29-11

46-2 フォニックス耳のツボ 🎵 🌀

① k に硬い c が続くと、最初の k の音が落ちる
② are に弱い o が続くと、2 つの音がくっつき areo になる

```
      ①
      ×   −        ▼    −    [ v ]
   t a k e    c   are    o f
   ティッ        ケァラ    ヴ
                    └──②──┘
```

だから、こんな風に聞こえる！

⬇

（ティッ**ケ**ア ラヴ）

46-3 レッツ！ 基本のフレーズ音読 🎵 🌀

take care of
take care of
take care of
take care of
（again）
take care of
take care of
take care of
take care of

46-4 会話に役立つフォニックス・リズム音読

Easy Level（初級） ★★★　　かんたん、かんたん！

① I'll **take care of** them.

② I'll **take care of** these.

③ He'll **take care of** Mick.

④ She'll **take care of** the dog.

　① 私が彼らの世話をします。
　② 私がこちらを担当します。
　③ 彼がミックの面倒をみます。
　④ 彼女が犬の世話をします。

Medium Level（中級） ★★★　　ちょっとコツが必要！

⑤ I'll **take care of** your pet.

⑥ I'll **take care of** the fees.

⑦ They **take care of** the work.

⑧ Please **take care of** your health.

　⑤ 私があなたのペットの面倒をみます。
　⑥ 支払いは私に任せてください。
　⑦ 彼らがその仕事を担当します。
　⑧ どうぞご自愛ください。

2章　60のフレーズでフォニックス・リズム音読

Challenge Level（上級）★★★～★★★　これが言えたらカンペキ！

⑨　I'll **take care of** the paperwork.

⑩　Please **take care of** my clients in London.

⑪　They'll **take care of** the details about the plan.

⑫　We'll **take care of** your cat while you're away.

⑨　私が事務処理を担当します。
⑩　ロンドンで私のクライアントをよろしくお願いします。
⑪　彼らが計画の詳細を取りまとめます。
⑫　旅行中、私たちがあなたの猫の面倒をみますよ。

会話でフレーズを使ってみよう 46

A: Have you finished arranging for tomorrow's presentation?

B: Yes, it's all **taken care of**.

A: 明日のプレゼンの準備は終わりましたか？
B: はい、手はずは整っています。

47
interested in～

（～に興味があります）

　be 動詞 + **interested in** + 名詞または動名詞のかたちで興味のあることや関心ごとを伝えることができます。ちなみに、同じ形容詞でも I'm **interested in** music. は「（自分が）音楽に興味がある」、Music is interesting. は「音楽は興味深い」です。I'm interesting. だと"私は興味深い人です"という意味になってしまいます（もし本当にそうならば、もちろん使って OK ですが…）。

47-1 フォニックス・ルールと音のチェック

単語	発音記号	フォニックス・ルール	ルール番号
interested	[ɪ]	フォニックス読みの i	p.33-27
	[n]	1 字子音の n	p.29-9
	[t]	1 字子音の t	p.29-6
	[ə]	弱い e	p.35-31
	[r]	1 字子音の r	p.30-16
	[ə]	弱い e	p.35-31
	[st]	子音ブレンドの st	p.39-45
	[id]	過去形の ed t + ed は [id] と読む	—
in	[i]	弱い i ②	p.35-33
	[n]	1 字子音の n	p.29-9

47-2 フォニックス耳のツボ 🎵 🅒

① 動詞の過去形が t + ed のとき、ed は id と読む
② d に弱い i が続くと、2 つの音はくっつき di になる

in t e r e s t ed i n
イン　タ　レ　ス　ティ　ディ　ン

①[i]
②

だから、こんな風に聞こえる！

インタレスティディン

47-3 レッツ！ 基本のフレーズ音読 🎵 🅒

interested in
interested in
interested in
interested in
（again）
interested in
interested in
interested in
interested in

47-4 会話に役立つフォニックス・リズム音読

Easy Level（初級） ★★★　　かんたん、かんたん！

① I'm **interested in** art.

② I'm **interested in** sports.

③ She's **interested in** books.

④ He's **interested in** clothes.

　　① 芸術に興味があります。
　　② スポーツに興味があります。
　　③ 彼女は本に興味があります。
　　④ 彼は洋服に興味があります。

Medium Level（中級） ★★★　　ちょっとコツが必要！

⑤ I'm **interested in** new things.

⑥ He's **interested in** science fiction.

⑦ She's **interested in** foreign culture.

⑧ They're **interested in** Japanese lifestyle.

　　⑤ 私は新しいことに興味があります。
　　⑥ 彼はSFに興味があります。
　　⑦ 彼女は外国文化に興味があります。
　　⑧ 彼らは日本の生活様式に興味があります。

2章　60のフレーズでフォニックス・リズム音読

Challenge Level（上級） ★★★〜★★★　これが言えたらカンペキ！

⑨　I'm **interested in** your opinion.

⑩　I'm **interested in** a language exchange.

⑪　He's **interested in** antique furniture.

⑫　Bob is **interested in** the girl next door.

⑨　私はあなたの意見を乞いたいです。
⑩　言語交換に興味があります。
⑪　彼はアンティーク家具に興味があります。
⑫　ボブは隣に住む女の子に興味しんしんです。

会話でフレーズを使ってみよう 47

A: Are you **interested in** being transferred to Thailand?

B: Yes, of course, Mr. Chen. My dream is to work overseas.

A: タイへの転勤に興味はあるかな？
B: はい、もちろんです、チェン部長。私の夢は海外勤務です。

48
kind of～

（～みたいな、まあ～のような）

She's kind. からわかる通り、kind の意味は「親切な」ですが、of をつけて **kind of** にすると「ちょっと」「～みたいな」という意味に変わります。a **kind of** bad joke（ちょっとたちの悪いジョーク）や **kind of** good（まあいい）のように **kind of** の後には名詞や形容詞がきます。言い切りを避けたりニュアンスをやんわりとぼかしたいときに使える口語表現です。なお、p.47-豆知識4にある通り、-ind のとき i はアルファベット読みをするので kind の i は「アィ」になります。

48-1 フォニックス・ルールと音のチェック

単語	発音記号	フォニックス・ルール	ルール番号
kind	[k]	1字子音の k	p.29-4
	[ai]	アルファベット読みの i	p.47-豆知識4
	[n]	1字子音の n	p.29-9
	[d]	1字子音の d	p.29-7
of	[ə]	弱い o	p.35-34
	[v]	例外（= of）	p.29-11

2章　60のフレーズでフォニックス・リズム音読

48-2 フォニックス耳のツボ 🎵 📧

★　d に弱い o が続くと、2つの音はくっつき do になる

k i n d o f
カィ　ン　ダ　★　ヴ

だから、こんな風に聞こえる！

カィンダヴ

48-3 レッツ！ 基本のフレーズ音読 🎵 📧

kind of
kind of
kind of
kind of
（again）
kind of
kind of
kind of
kind of

48-4 会話に役立つフォニックス・リズム音読 🎵

Easy Level（初級） ★★★　　かんたん、かんたん！

① It's **kind of** nice.

② It's **kind of** good.

③ I'm **kind of** glad.

④ He's **kind of** shy.

　① まあ、いい感じ。
　② まあ、いいね。
　③ まあ、嬉しいです。
　④ まあ、彼は恥ずかしがり屋です。

Medium Level（中級） ★★★　　ちょっとコツが必要！

⑤ It's a **kind of** bad joke.

⑥ It's a **kind of** rare thing.

⑦ It's a **kind of** new fashion.

⑧ It's a **kind of** strange habit.

　⑤ たちの悪いジョークみたいなものです。
　⑥ ちょっとした珍品ですね。
　⑦ 新種のファッションみたいなものです。
　⑧ ちょっと変わったクセですね。

2章　60のフレーズでフォニックス・リズム音読

Challenge Level（上級） ★★★～★★★　これが言えたらカンペキ！

⑨　He's a **kind of** genius, I think.

⑩　It's **kind of** hard to persuade him.

⑪　She's the **kind of** girl a man dreams of.

⑫　I **kind of** felt sad when I saw him off.

⑨　彼はある意味、天才肌だと思います。
⑩　彼を説得するのは、難しいでしょう。
⑪　彼女は男性ならだれもが夢見るような女性です。
⑫　彼を見送ったとき、ある種の寂しさみたいなものを感じました。

会話でフレーズを使ってみよう 48

A: It's **kind of** hard to curry favor with Mr. Pitt.

B: I know he's stubborn but I need his vote.

A: ピット氏のご機嫌を取るのは、まあ難しいだろうね。
B: 彼は頑固だからね。でも、彼の一票が欲しいんだ。

Memo

49
not sure～

（～の確信がない、～の自信がない）

　be 動詞 ＋ **not sure** of のかたちで「～の確信がない」「～の自信がない」という意味になります。なお、sure の s の読み方はフォニックスの例外にあたり、二重子音字の sh と同じ音です。つまり sure を「音」で書き換えるなら、さしずめ "shure" といったところですね。

49-1 フォニックス・ルールと音のチェック

単語	発音記号	フォニックス・ルール	ルール番号
not	[n]	1字子音の n	p.29-9
	[ɑ]	フォニックス読みの o	p.33-28
	[t]	1字子音の t	p.29-6
sure	[ʃ]	例外（= sure）	p.37-38
	[uər]	r つき母音の ure	p.52-91

Memo

2章　60のフレーズでフォニックス・リズム音読

49-2 フォニックス耳のツボ 🎵 🅒

① t に sh が続くと t の音が落ちる
② sure の s は sh [ʃ] と読む

```
        ×      ②
               sh    ▼
   n o  t    s   ure
   ナッ   ①    シュ  ア
```

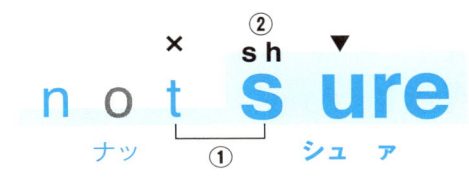

だから、こんな風に聞こえる！

⬇

ナッ**シュア**

49-3 レッツ！ 基本のフレーズ音読 🎵 🅒

not sure
not sure
not sure
not sure
（again）
not sure
not sure
not sure
not sure

251

49-4 会話に役立つフォニックス・リズム音読

Easy Level（初級） ★★★　　かんたん、かんたん！

① I'm **not sure** of how.

② She's **not sure** of that.

③ He's **not sure** of the time.

④ Dave is **not sure** of the place.

> ① どうやったらいいのかよく分かりません。
> ② 彼女はそれについてあまり確信が持てません。
> ③ 彼は時間をちゃんと把握していません。
> ④ デーブは場所をきちんと分かっていません。

Medium Level（中級） ★★★　　ちょっとコツが必要！

⑤ I'm **not sure** if I'm right.

⑥ I'm **not sure** where we met.

⑦ She's **not sure** what Jim meant.

⑧ They're **not sure** how to answer.

> ⑤ 自分が正しいかどうか、確信が持てません。
> ⑥ 私たちがどこで出会ったのか、はっきりと覚えていません。
> ⑦ 彼女はジムの言葉にピンときていません。
> ⑧ 彼らはどうやって返事をすればいいのか、よく分かりません。

2章　60のフレーズでフォニックス・リズム音読

Challenge Level（上級） ★★★〜★★★　これが言えたらカンペキ！

⑨　I'm **not sure** how to open the lid.

⑩　He's **not sure** what to say to Kelly.

⑪　They're **not sure** what I do for a living.

⑫　We're **not sure** if Bill is coming or not.

⑨　そのフタの開けかたがよく分かりません。
⑩　彼はケリーになんと言えばいいのかよく分かりません。
⑪　彼らは私が何で生計を立てているのか、はっきりと分かっていません。
⑫　ビルが来るのか来ないのか、よく分かりません。

会話でフレーズを使ってみよう 49

A: Do you know how many people are coming to the party?

B: I'm **not sure**, but I think Karen has got the details.

A: パーティに何人来るか知ってる？
B: はっきりとはわからないけど、カレンが詳細を把握していると思うわ。

50
What's it like～?

（～はどんな感じですか？）

What's it like～? は「～はどんな感じですか？」という意味を持ち、相手に感想を求めるときに使います。この like は動詞の「好きだ」ではなく「～みたいな」という意味の前置詞として使われています。なお、what's it like には3つの無声破裂音（下線部分）があります。無声破裂音 [p] [t] [k] には鋭く詰まったような音の特徴があります。

50-1 フォニックス・ルールと音のチェック

単語	発音記号	フォニックス・ルール	ルール番号
What's	[hw]	二重子音字の wh	p.37-42
	[ʌ]	u のフォニックス読みをする a	p.33-29
	[ts]	2字子音の ts	ー
it	[i]	弱い i ②	p.35-33
	[t]	1字子音の t	p.29-6
like	[l]	1字子音の l	p.30-15
	[ai]	サイレント E の i_e	p.53-93
	[k]	1字子音の k	p.29-4

2章　60のフレーズでフォニックス・リズム音読

50-2 フォニックス耳のツボ 🎵 🅒

① what と is はくっついて what's になる
② t と s が語末で連続するとき「ツ」（＝ts）と読む
③ ts に弱い i が続くと、2つの音はくっつき tsi になる
④ t に l が続くと、t の音が落ちることがある

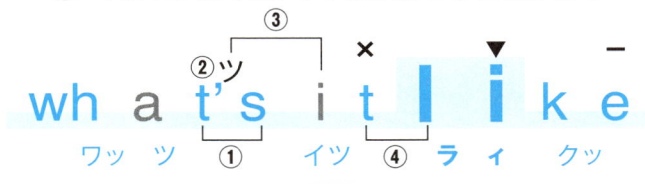

```
          ③
      ②ツ ┌─┐    ×   ▼   ー
   wh a t's i t  l i  k e
   ワッ ツ ①  イツ ④ ラィ  クッ
```

だから、こんな風に聞こえる！

　　　　ワッツィッ**ライ**クッ

50-3 レッツ！ 基本のフレーズ音読 🎵 🅒

what's it like
what's it like
what's it like
what's it like
（again）
what's it like
what's it like
what's it like
what's it like

50-4 会話に役立つフォニックス・リズム音読

Easy Level（初級） ★★★　　かんたん、かんたん！

① **What's it like**, Ken?

② **What's it like** there?

③ **What's it like** in Rome?

④ **What's it like** outside?

① ケン、どんな感じ？
② そっちはどんな感じ？
③ ローマはどんな感じ？
④ 外はどんな感じ？

Medium Level（中級） ★★★　　ちょっとコツが必要！

⑤ **What's it like** being a boss?

⑥ **What's it like** there in Venice?

⑦ **What's it like** living in Tokyo?

⑧ **What's it like** being a father?

⑤ 上司になるのってどんな感じ？
⑥ そちらヴェニスはどんな感じ？
⑦ 東京の暮らしはどんな感じ？
⑧ 父親になるのってどんな感じ？

2章　60のフレーズでフォニックス・リズム音読

Challenge Level（上級） ★★★〜★★★　これが言えたらカンペキ！

⑨ **What's it like** raising triplet?

⑩ **What's it like** going back to college?

⑪ **What's it like** living abroad for years?

⑫ **What's it like** becoming famous overnight?

⑨ 3つ子を育てるのはどんな感じですか？
⑩ 大学に戻るのはどんな感じですか？
⑪ 長年、海外で暮らすのはどんな感じですか？
⑫ 一夜にして有名になるのってどんな感じですか？

会話でフレーズを使ってみよう 50

A: **What's it like** graduating top of the class?

B: Well, it's not bad at all, actually.

A: 主席で卒業ってどんな気分？
B: まあ、悪い気はしないよ、ほんとうのことを言うと。

Memo

51 Who's〜？

（〜は誰ですか？）

Who's〜? は Who is〜? や Who has〜? の短縮形です。なお、wh は hw の順番で読むのが一般的ですが、who や whole などの w は発音しません。つまり、whole（全体の）と hole（穴）は同音異義語というわけです。このような読まない w はフォニックスの準規則として覚えておきましょう。

51-1 フォニックス・ルールと音のチェック

単語	発音記号	フォニックス・ルール	ルール番号
who's	[h]	h と読む wh	p.37-豆知識 1
	[uː]	例外（= who）	p.49-81
	[z]	z と読む 1 字子音の s	p.30-14

Memo

51-2 フォニックス耳のツボ 🎵 🄮

★ who と is はくっついて whose のように聞こえる

who's → "whose"
フーズ

だから、こんな風に聞こえる！

⬇

フーズ

51-3 レッツ！基本のフレーズ音読 🎵 🄮

who's
who's
who's
who's
（again）
who's
who's
who's
who's

259

51-4 会話に役立つフォニックス・リズム音読 🎵 ⓔ

Easy Level（初級） ★★★　　かんたん、かんたん！

① **Who's** she?

② **Who's** Jack?

③ **Who's** there?

④ **Who's** this?

　① 彼女は誰？
　② ジャックって誰？
　③ どなたですか？（※相手の姿が見えないとき）
　④ どちら様ですか？（※電話で）

Medium Level（中級） ★★★　　ちょっとコツが必要！

⑤ **Who's** your date?

⑥ **Who's** on the line?

⑦ **Who's** speaking, please?

⑧ **Who's** coming with Lisa?

　⑤ デートの相手は誰？
　⑥ 誰が電話に出ていますか？
　⑦ どちら様ですか？（※電話で）
　⑧ 誰がリサと一緒に来るの？

2章　60のフレーズでフォニックス・リズム音読

Challenge Level（上級） ★★★〜★★★　これが言えたらカンペキ！

⑨　**Who's** going to tell John about it?

⑩　**Who's** teaching English class today?

⑪　**Who's** the man standing by the wall?

⑫　**Who's** picking him up at the airport?

⑨　誰がジョンにそれを伝えるつもりですか？
⑩　今日の英語クラスは誰が教えるの？
⑪　壁ぎわに立っている男性は誰ですか？
⑫　誰が彼を空港まで迎えに行くの？

会話でフレーズを使ってみよう 51

A: Hey, look **who's** here.

B: Did you know that I was transferred to the head office here as of yesterday?

A: おやまあ、誰かと思いきや。
B: 昨日付で本社に転勤になったんだ、知ってた？

52

has to～

（～しなければなりません）

　主語が I や You などのときは have to（～しなければならない）、主語が He、She、It などのときは **has to** を使います。なお、must よりも have to や **has to** のほうがやわらかい響きを持っています。主語の人称に限らず、これらの過去形は had to で統一されています。なお、**has to** + 原形動詞のかたちをとりますが、**has to** は準動詞扱い、メインの動詞（本動詞）は to に続くほうなので、後者のほうを強く読みます。

52-1 フォニックス・ルールと音のチェック

単語	発音記号	フォニックス・ルール	ルール番号
has	[h]	1字子音の h	p.30-18
	[æ]	フォニックス読みの a	p.33-25
	[s]	1字子音の s	p.30-12
to	[t]	1字子音の t	p.29-6
	[ə]	弱い o	p.35-34

Memo

52-2 フォニックス耳のツボ 🎵 📱

★ s に t が続くと、2 つの音はくっついて子音ブレンド音 st になる

h a st o
ハ ァ ス トゥ

だから、こんな風に聞こえる！

ハアストゥ

52-3 レッツ！ 基本のフレーズ音読 🎵 📱

has to
has to
has to
has to
（again）
has to
has to
has to
has to

52-4 会話に役立つフォニックス・リズム音読

Easy Level（初級）★★★　　かんたん、かんたん！

① She **has to** go.

② He **has to** leave.

③ Joe **has to** wait.

④ Mike **has to** win.

　① 彼女は行かなくちゃ。
　② 彼は出発しなくちゃ。
　③ ジョーは待たなくちゃ。
　④ マイクは勝たなくちゃ。

Medium Level（中級）★★★　　ちょっとコツが必要！

⑤ She **has to** call him.

⑥ He **has to** study hard.

⑦ Tim **has to** sleep early.

⑧ Meg **has to** get up at 6.

　⑤ 彼女は彼に電話しなくちゃ。
　⑥ 彼は一生懸命勉強しなくちゃ。
　⑦ ティムは早く寝なくちゃ。
　⑧ メグは6時に起きなくちゃ。

Challenge Level（上級） ★★★〜★★★　これが言えたらカンペキ！

⑨ She **has to** extend her visa next month.

⑩ He **has to** postpone the decision.

⑪ Our team **has to** make a presentation.

⑫ Jack **has to** save money to buy a house.

⑨ 彼女は来月ビザの更新をしなくてはなりません。
⑩ 彼は決断を先延ばししなければなりません。
⑪ 私たちのチームはプレゼンをしなくてはなりません。
⑫ ジャックは家を買うために貯金をしなくてはなりません。

会話でフレーズを使ってみよう 52

A: There's no reservation under the name of Mr. Lionel James, I'm afraid.

B: This **has to** be a mistake. I made a booking through an agent in Japan.

A: 申し訳ございませんが、ライオネル・ジェームス氏のお名前でご予約はございません。
B: 何かの間違いです。日本の代理店を通して予約をしたんですから。

53

as if～

（あたかも～かのように）

　as if のうしろには主として主語＋動詞の文が続き、「あたかも（まるで）～のようだ」という意味を持ちます。なお、s は <u>as</u> や wa<u>s</u> のように「ズ」と読むことも多いので、「ズ」と読む s を準規則として覚えておきましょう。ただし、mi<u>ss</u> や gue<u>ss</u> のように語尾の -ss は「ス」と発音します。

53-1 フォニックス・ルールと音のチェック

単語	発音記号	フォニックス・ルール	ルール番号
as	[ə]	弱い a	p.35-30
	[z]	z と読む 1 字子音の s	p.30-14
if	[ɪ]	フォニックス読みの i	p.33-27
	[f]	1 字子音の f	p.29-10

Memo

53-2 フォニックス耳のツボ 🎵 🎧

★ zと読むsに弱いiが続くと、2つの音はくっつき、siになる

[z]
a **s i** f
ァ ズ ★ イ フ

だから、こんな風に聞こえる！

ァ**ズイ**フ

53-3 レッツ！ 基本のフレーズ音読 🎵 🎧

as if
as if
as if
as if
（again）
as if
as if
as if
as if

53-4 会話に役立つフォニックス・リズム音読

Easy Level（初級） ★★★　　かんたん、かんたん！

① **As if** to say.
② **As if** I'm wrong.
③ **As if** it's over.
④ **As if** by magic.

 ① そう言わんばかりに。
 ② まるで私が間違っているかのように。
 ③ まるで終わっているかのように。
 ④ たちどころに。

Medium Level（中級） ★★★　　ちょっとコツが必要！

⑤ **As if** she wasn't there.
⑥ **As if** nothing happened.
⑦ **As if** I were invisible.
⑧ **As if** everything went well.

 ⑤ まるで彼女がそこにいなかったかのように。
 ⑥ あたかも何も起こらなかったかのように。
 ⑦ まるで私が透明人間であるかのように。
 ⑧ まるで順風満帆であったかのように。

2章　60のフレーズでフォニックス・リズム音読

Challenge Level（上級） ★★★〜★★★　これが言えたらカンペキ！

⑨　Meg pretends **as if** she knows it all.

⑩　I feel **as if** they're against me.

⑪　Dan acted **as if** he were a rich man.

⑫　You looked **as if** you were having a good time.

⑨　メグは知ったかぶりです。
⑩　彼らが私に逆らっているかのように感じます。
⑪　ダンは金持ちであるかのように振る舞いました。
⑫　あなたは楽しい時間を過ごしているかのように見えました。

会話でフレーズを使ってみよう 53

A: I saw Jane out on a date with another guy last night.

B: **As if** I care who's seeing her. She's my ex, after all.

A: 昨日の夜、ジェーンが他の男性とデートしているのを見たよ。
B: 僕には関係ないことさ。しょせんは元カノだし。

Memo

54

I'll ~

（〜でしょう）

　will は"話しながら決めたこと"や、"その時に思いついたこと"について、be going to は"あらかじめ決まっている予定"について述べるときの表現です。「今晩何をするの？」と聞かれて I'm going to watch TV. と言えば"観たい番組があるから観る"、I'll watch TV. は"テレビでも観ようかな"といったように、2 つの表現には話し手の意図に若干の違いがあります。

54-1 フォニックス・ルールと音のチェック

単語	発音記号	フォニックス・ルール	ルール番号
I'll	[ai]	アルファベット読みの i	p.47-豆知識 4
	[l]	重子音字の ll （＝ 1 字子音の l）	p.30-ひとこと 2

Memo

54-2 フォニックス耳のツボ 🎵 ⓔ

① I と will はくっついて I'll になり、aisle（通路）のように聞こえる
② 単語のなかで同じ子音字（ll）が続くとき、1 つのつづり字（= l）として読む
③ 語末の [l] は「ゥ」のように聞こえる

$$\text{I'll} \rightarrow \text{"aisle"}$$
アィ　ゥ

だから、こんな風に聞こえる！
⬇

アィゥ

54-3 レッツ！ 基本のフレーズ音読 🎵 ⓔ

I'll
I'll
I'll
I'll
（again）
I'll
I'll
I'll
I'll

54-4 会話に役立つフォニックス・リズム音読

Easy Level（初級） ★★★　　かんたん、かんたん！

① **I'll** go.

② **I'll** see.

③ **I'll** wait.

④ **I'll** check.

> ① 行きます。
> ② わかります。
> ③ 待ちます。
> ④ 確認します。

Medium Level（中級） ★★★　　ちょっとコツが必要！

⑤ **I'll** answer it.

⑥ **I'll** be around.

⑦ **I'll** be back soon.

⑧ **I'll** come home by dinner.

> ⑤ 私が出ます。(※電話に出るとき)
> ⑥ じゃあ、また会おうね。(※別れ際に)
> ⑦ すぐに戻ってきます。
> ⑧ 夕食までに帰ります。

2章　60のフレーズでフォニックス・リズム音読

Challenge Level（上級）★★★〜★★★　これが言えたらカンペキ！

⑨　**I'll** be happy to join you tomorrow.

⑩　**I'll** let you know right away.

⑪　**I'll** show you around my hometown.

⑫　**I'll** cherish the days I shared with you.

⑨　明日、喜んで参加します。
⑩　すぐにお知らせいたします。
⑪　私の故郷を案内します。
⑫　あなたと共にした時間を慈しみます。

会話でフレーズを使ってみよう 54

A: *"A friend in need is a friend indeed"*.

B: Sounds like what I am. **I'll** be around if you need me, OK?

A:『困った時の友こそ真の友』。
B: まあ、それって私のことね。困った時はいつでもそばにいるから、いい？

55
Don't try～

（～をしないで）

　don't try のあとには <u>to ＋動詞の原形または名詞</u>がきます。please をつけるとやや丁寧さは増しますが、基本的には「しないで」と命令をしているので、仲間内で使うことはあっても、目上の人には用いないほうが無難ですね。なお、<u>try</u> の tr は子音ブレンド音ですが、音が変化し chr のように響きます。"<u>chr</u>ai" のイメージで発音するとよいでしょう。

55-1 フォニックス・ルールと音のチェック

単語	発音記号	フォニックス・ルール	ルール番号
don't	[d]	１字子音の d	p.29-7
	[ou]	アルファベット読みの o	p.47-豆知識 7
	[n]	１字子音の n	p.29-9
	[t]	１字子音の t	p.29-6
try	[tr]	子音ブレンドの tr	p.43-58
	[ai]	語末の y	p.55-97

Memo

55-2 フォニックス耳のツボ 🎵 ⓔ

① tr は chr [tʃr] のように読む
② t に ch の音が続くと、t の音が落ちる
③ 語末の y は母音になり、ai と発音することがある

② ① ③▼
[o u]　　× c h r　[a i]
don't try
ドォ ン ッ チョ ラ イ

だから、こんな風に聞こえる！

⬇

(ドォンッチョ **ライ**)

55-3 レッツ！ 基本のフレーズ音読 🎵 ⓔ

don't try
don't try
don't try
don't try
（again）
don't try
don't try
don't try
don't try

55-4 会話に役立つフォニックス・リズム音読

Easy Level（初級） ★★★　　かんたん、かんたん！

① **Don't try** it.
② **Don't try** me.
③ **Don't try** that.
④ **Don't try** too hard.

① やらないで。
② かまをかけないで。
③ そうしないで。
④ 頑張りすぎないで。

Medium Level（中級） ★★★　　ちょっとコツが必要！

⑤ **Don't try** that again.
⑥ **Don't try** to sound funny.
⑦ **Don't try** to look happy.
⑧ **Don't try** to count on me.

⑤ 二度としないで。
⑥ 面白おかしく振る舞わないで。
⑦ 嬉しそうなふりをしないで。
⑧ 私を当てにしないで。

2章　60のフレーズでフォニックス・リズム音読

Challenge Level（上級） ★★★〜★★★　これが言えたらカンペキ！

⑨　**Don't try** to make fun of me.
⑩　**Don't try** to change the subject.
⑪　**Don't try** anything tricky on me.
⑫　**Don't try** my patience any more.

⑨　私をからかわないで。
⑩　話題をそらさないで。
⑪　ずるいことをしようとしないで。
⑫　もう二度と怒らせないで。

会話でフレーズを使ってみよう 55

A: I was astonished when the guy suddenly breathed out fire at the end of the magic show.

B: Yeah, right. That was a real "**Don't try** this at home" thing, wasn't it?

A: マジックショーの終わりに、男性が突然口から火を噴いたのにはたまげたよ。
B: ええ、ほんとに。まさに「(テレビの) 真似をしないでください」だったわよね？

56
what if〜?

（もし〜だったらどうなるでしょう）

　what if はあまり聞き慣れないかもしれませんが「もし〜だったらどうなるだろう」という仮定表現です。**what if** のあとにはたいてい主語＋動詞の文が続きます。What should we do if she didn't come?（もし彼女が来なかったらどうしよう）は、**What if** she didn't come? と言い換えることができます。慣れてしまえば **what if** のほうが使い勝手がよくて便利ですよ。

56-1 フォニックス・ルールと音のチェック

単語	発音記号	フォニックス・ルール	ルール番号
what	[hw]	二重子音字の wh	p.37-42
	[ʌ]	u のフォニックス読みをする a	p.33-29
	[t]	1字子音の t	p.29-6
if	[ɪ]	フォニックス読みの i	p.33-27
	[f]	1字子音の f	p.29-10

Memo

56-2 フォニックス耳のツボ 🎵 🇪

① t に弱い i が続くと、2 つの音はくっつき、ti になる
② 母音にはさまれた t は、l のように聞こえる

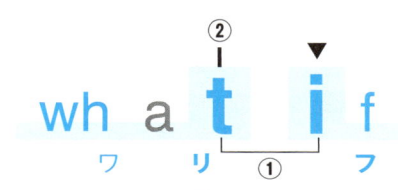

wh a **t i** f
ワ　リ　　フ
②　①

だから、こんな風に聞こえる！

ワ**リ**フ

56-3 レッツ！ 基本のフレーズ音読 🎵 🇪

what if
what if
what if
what if
（again）
(again)
what if
what if
what if
what if

56-4 会話に役立つフォニックス・リズム音読

Easy Level（初級） ★★★　かんたん、かんたん！

① **What if** so?

② **What if** not?

③ **What if** it's Ken?

④ **What if** it's wrong?

　① もしそうなら。
　② もしそうじゃなかったら。
　③ もしケンだったら。
　④ もし間違っていたら。

Medium Level（中級） ★★★　ちょっとコツが必要！

⑤ **What if** he didn't come?

⑥ **What if** it's canceled?

⑦ **What if** they backed out?

⑧ **What if** it really happened?

　⑤ もし彼が来なかったらどうしよう。
　⑥ もしキャンセルになったらどうしよう。
　⑦ もし彼らが最終的に手を引いたらどうしよう。
　⑧ もし本当にそんなことが起こったらどうしよう。

2章　60のフレーズでフォニックス・リズム音読

Challenge Level（上級） ★★★〜★★★　これが言えたらカンペキ！

⑨　**What if** your plan doesn't work?

⑩　**What if** we can't make it by 7?

⑪　**What if** the restaurant is closed?

⑫　**What if** he doesn't show up on time?

⑨　もし計画がうまく運ばなかったらどうしよう。
⑩　もし7時までに間に合わなかったらどうしよう。
⑪　もしレストランが閉まっていたらどうしよう。
⑫　もし彼が時間通りに現れなかったらどうしよう。

会話でフレーズを使ってみよう 56

A: If I thought about all of the **what-ifs** in my life, I'd go bananas!

B: Hey, just take it easy.

A: ああだったらどうしよう、こうだったらどうしようって考えていたら、頭がヘンになっちゃうよ！
B: まあ、気楽にいきましょう。

57
It costs～

（〜がかかる）

　cost は主として「お金がかかる」という意味で使われます。また「労力を要する」といったように、名詞を目的語にとることもあります。なお、p.114 の It takes〜も「〜がかかる」でしたが、こちらは「時間がかかる」でしたね。costs の下線部分は「ツ」と発音するので注意しましょう（friends を「フレンドズ」、costs「コストツ」と読み間違える人がたまにいるので。みなさんはすでにご存知かとは思いますが、念のため）。

57-1 フォニックス・ルールと音のチェック

単語	発音記号	フォニックス・ルール	ルール番号
it	[i]	弱い i ②	p.35-33
	[t]	1字子音の t	p.29-6
costs	[k]	1字子音の硬い c	p.29-3
	[ɔː]	音を伸ばす o	p.56-104
	[s]	1字子音の s	p.30-12
	[ts]	2字子音の ts	ー

Memo

57-2 フォニックス耳のツボ 🎵 ⓔ

① tに硬いcが続くと、tの音が落ちる
② 語末でtとsが連続するとき「ツ」（＝ts）と読む

i t c o s ts
イッ ① コー ス ツ
× 伸ばす ②

だから、こんな風に聞こえる！

イッコースツ

57-3 レッツ！ 基本のフレーズ音読 🎵 ⓔ

it costs
it costs
it costs
it costs
（again）
it costs
it costs
it costs
it costs

57-4 会話に役立つフォニックス・リズム音読

Easy Level（初級） ★★★　　かんたん、かんたん！

① **It costs** less.
② **It costs** more.
③ **It costs** a lot.
④ **It costs** nothing.

① さらに安いです。
② もっとかかります。
③ たくさんかかります。
④ ぜんぜんかかりません。

Medium Level（中級） ★★★　　ちょっとコツが必要！

⑤ **It costs** the earth.
⑥ **It costs** a fortune.
⑦ **It costs** half as much.
⑧ **It costs** 10,000 yen.

⑤ かなり高くつきます。
⑥ 莫大な資金がかかります。
⑦ 半額分かかります。
⑧ 1万円かかります。

2章　60のフレーズでフォニックス・リズム音読

Challenge Level（上級） ★★★〜★★★　これが言えたらカンペキ！

⑨　**It costs** an arm and a leg.

⑩　**It costs** 8 yen a minute.

⑪　**It costs** 30 dollars per head.

⑫　**It costs** less if you fly with an LCC.

⑨　大金がかかります。
⑩　毎秒8円です。（※通信代）
⑪　一人当たり30ドルです。（※食事代）
⑫　LCC（格安航空会社のフライト）で飛んだほうが安くつきます。

会話でフレーズを使ってみよう 57

A: I want a new BMW convertible.

B: Not for us…. **It costs** a bomb.

A: BMWの新型オープンカーが欲しいなぁ。
B: うちはムリ…ものすごく高いでしょ。

Memo 🖉

58

look forward to～

（〜を楽しみにしている）

　look forward to のあとには<u>名詞または動名詞</u>がきます。類似表現に wait for がありますが、こちらは動作としての「待つ」がもともとの意味である一方、**look forward to** は「期待して待つ」という話し手の心象が表れています。また、p.238 の take care of と同様に、**look forward to** もまんなかの語 forward の or の部分に強アクセントがきます。

58-1 フォニックス・ルールと音のチェック

単語	発音記号	フォニックス・ルール	ルール番号
look	[l]	１字子音の l	p.30-15
	[u]	母音ペア②の短い oo	p.49-80
	[k]	１字子音の k	p.29-4
forward	[f]	１字子音の f	p.29-10
	[ɔːr]	r つき母音の or	p.51-84
	[w]	１字子音の w	p.30-20
	[ər]	弱い ar	p.35-36
	[d]	１字子音の d	p.29-7
to	[t]	１字子音の t	p.29-6
	[ə]	弱い o	p.35-34

58-2 フォニックス耳のツボ 🎵 🅮

① k に f が続くと、k の音が落ちる
② d に t が続くと、d の音が落ちる

l oo ~~k~~ **f** **or** w ar ~~d~~ t o
ルッ（ク）　フォー　ワァ（ド）　トゥ
　　　①　　　　　　　　　②

だから、こんな風に聞こえる！

⬇

ルッ（ク）フォーワァ（ド）トゥ

58-3 レッツ！ 基本のフレーズ音読 🎵 🅮

look forward to
look forward to
look forward to
look forward to
（again）
look forward to
look forward to
look forward to
look forward to

58-4 会話に役立つフォニックス・リズム音読

Easy Level（初級）★★★　　かんたん、かんたん！

① I **look forward to** the trip.

② I **look forward to** spring.

③ I **look forward to** your call.

④ I **look forward to** your visit.

① 旅行を楽しみにしています。
② 春が楽しみです。
③ お電話をお待ちしています。
④ あなたの訪問をお待ちしています。

Medium Level（中級）★★★　　ちょっとコツが必要！

⑤ I **look forward to** his letter.

⑥ I **look forward to** the weekend.

⑦ I **look forward to** news from home.

⑧ I **look forward to** the first lesson.

⑤ 彼からの手紙を楽しみにしています。
⑥ 週末が待ち遠しい。
⑦ 祖国からの便りを楽しみにしています。
⑧ 一回目のレッスンを楽しみにしています。

Challenge Level（上級） ★★★〜★★★　これが言えたらカンペキ！

⑨　I **look forward to** school starting.

⑩　I **look forward to** your arrival soon.

⑪　We **look forward to** teaching you again.

⑫　We **look forward to** a class reunion next year.

⑨　学校の始業日を心待ちにしています。
⑩　間もなくの到着をお待ちしております。
⑪　またあなたに教える日を楽しみにしています。
⑫　来年の同窓会を楽しみにしています。

会話でフレーズを使ってみよう 58

A: Vince is living abroad, but he promised to email me everyday. I always really **look forward to** getting his message.

B: Even distance can't keep you two apart…how romantic!

A: ヴィンスは海外に住んでいるんだけど、毎日Eメールをくれるって約束してくれたの。彼からのメッセージが待ち遠しくてたまらないわ。
B: 遠距離さえも2人の仲を遮ることはできないのね…なんてロマンティックなの！

59
a bit of～

（わずかな～）

a bit of ＋名詞は口語表現で「わずかな～」や「ちょっとした～」という意味で使われます。また、a bit ＋ 形容詞のかたちもよく使われるので覚えておきましょう。なお、You seem a bit（＝a little）tired.（ちょっと疲れているようですね）のように a bit は a little と置き換えて使うこともできます。

59-1 フォニックス・ルールと音のチェック

単語	発音記号	フォニックス・ルール	ルール番号
a	[ə]	弱い a	p.35-30
bit	[b]	1字子音の b	p.28-1
	[ɪ]	フォニックス読みの i	p.33-27
	[t]	1字子音の t	p.29-6
of	[ə]	弱い o	p.35-34
	[v]	例外（＝ of）	p.29-11

Memo

59-2 フォニックス耳のツボ 🎵 ⓔ

① t に弱い o が続くと、2 つの音はくっつき to になる
② 母音にはさまれた t は l のように聞こえる

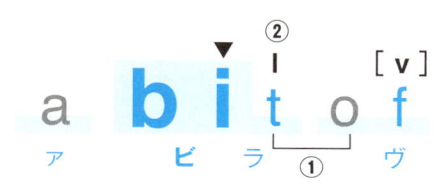

a b**i** t o f
　ア　ビ　ラ　　ヴ

だから、こんな風に聞こえる！

ァ**ビ**ラヴ

59-3 レッツ！ 基本のフレーズ音読 🎵 ⓔ

a bit of
a bit of
a bit of
a bit of
（again）
a bit of
a bit of
a bit of
a bit of

59-4 会話に役立つフォニックス・リズム音読

Easy Level（初級） ★★★　　かんたん、かんたん！

① **A bit of** time.

② **A bit of** news.

③ **A bit of** sugar.

④ **A bit of** milk.

    ① わずかな時間。
    ② ちょっとしたお知らせ。
    ③ お砂糖を少々。
    ④ 牛乳を少し。

Medium Level（中級） ★★★　　ちょっとコツが必要！

⑤ He's **a bit of** a lazy kind.

⑥ It's **a bit of** advice for you.

⑦ I do **a bit of** this and that.

⑧ I'm in **a bit of** a hurry.

    ⑤ 彼はちょと怠け者です。
    ⑥ ちょっとしたアドバイスです。
    ⑦ ちょこちょこ、あれやこれやとしています。
    ⑧ ちょっと急いでいます。

2章　60のフレーズでフォニックス・リズム音読

Challenge Level（上級） ★★★〜★★★　これが言えたらカンペキ！

⑨　I like to do **a bit of** gardening.

⑩　It's only **a bit of** a problem.

⑪　I need **a bit of** encouragement.

⑫　Can I have **a bit of** your time now?

⑨　そこそこガーデニングが好きです。
⑩　ちょっとした問題にすぎません。
⑪　もうちょっと励ましがほしいです。
⑫　今、ちょっとお時間よいですか？

会話でフレーズを使ってみよう 59

A: You've been going steady with Tim? Wow!

B: I know it was **a bit of** a surprise for you to hear that.

A: ティムと付き合っているんですって？　ワォ！
B: そうと聞けば、まあちょっとはびっくりするわよね。

Memo

60
I guess you〜

（あなたは〜だと思う）

　I think は「思考で判断する」、I guess は「推測で判断する」です。guess と you の間には that 節の that が隠れていますが、会話ではたいてい省略されてしまいます。なお、guess のつづり字は読みかたが例外で ue と書いて「エ」と発音します。つまり、ue の u は読み飛ばすため、guess は "グエス" とはなりません！

60-1 フォニックス・ルールと音のチェック

単語	発音記号	フォニックス・ルール	ルール番号
I	[ai]	アルファベット読みの i	p.47-豆知識 4
guess	[g]	1字子音の硬い g	p.29-5
	[e]	例外（= g<u>ue</u>ss）	p.33-26
	[s]	重子音字の ss （= 1字子音の s）	p.30-ひとこと 1
you	[j]	1字子音の y	p.31-22
	[u:]	例外（= y<u>ou</u>）	p.47-73

60-2 フォニックス耳のツボ 🎵 🅮

① 単語のなかで同じ子音字（ss）が続くとき、
1つのつづり字（＝s）として読む
② sにyが続くとsh [ʃ] の音に変化する

I g ue ssy ou
アィ ゲ シュー

だから、こんな風に聞こえる！

アィ**ゲ**シュー

60-3 レッツ！ 基本のフレーズ音読 🎵 🅮

I guess you
I guess you
I guess you
I guess you
（again）
I guess you
I guess you
I guess you
I guess you

60-4 会話に役立つフォニックス・リズム音読 🎵 ⓒ

Easy Level（初級） ★★★　　かんたん、かんたん！

① **I guess you** can.
② **I guess you** won't.
③ **I guess you** are right.
④ **I guess you** want to.

   ① あなたならできると思う。
   ② あなたはしないと思う。
   ③ あなたは正しいと思う。
   ④ あなたはそうしたいんですね。

Medium Level（中級） ★★★　　ちょっとコツが必要！

⑤ **I guess you** are there.
⑥ **I guess you** know that.
⑦ **I guess you** won't come.
⑧ **I guess you** must see her.

   ⑤ あなたはそこにいるんですね。
   ⑥ あなたはそれを知っているんですね。
   ⑦ あなたはきっと来ませんね。
   ⑧ あなたは彼女に会うべきだと思います。

2章　60のフレーズでフォニックス・リズム音読

Challenge Level（上級）★★★〜★★★　これが言えたらカンペキ！

⑨　**I guess you** don't drink much wine.

⑩　**I guess you** would rather go by train.

⑪　**I guess you** have lost your way, haven't you?

⑫　**I guess you** forgot to bring an umbrella.

⑨　あなたはあまりワインを飲みませんね。
⑩　あなたはむしろ電車で行きたいんですね。
⑪　道に迷ってしまったんですよね？
⑫　傘を持ってくるのを忘れたんですね。

会話でフレーズを使ってみよう 60

A: **I guess you** already know how I feel about you.

B: And we already know we're meant to be.

A: あなたはすでに私の気持ちを知っているのね。
B: そして、僕たちは結ばれる運命だったってことを知っている。

Memo

■著者略歴
ジュミック今井(いまい)

大手英会話スクールの主任教師を経て、恵比寿と五反田にて英会話教室を主宰。フリーランスとして翻訳業、及び語学書の執筆活動を行っている。
2000年1月に英会話学習メールマガジン「英語がぺらぺらになりたい！」を創刊、読者数は約2万人にのぼる。
趣味はレース編み、映画鑑賞、海外旅行。特に数年前から台湾の食と文化にはまっており、目下trilingual（3ヵ国語話者）を目指して中国語を勉強中。

＜著書＞
『ドリル式フォニックス＜発音＞練習BOOK』『フォニックス＜発音＞トレーニングBOOK』『実践フォニックス＜会話＞トレーニングブック』『耳をきたえる！英語リスニング教室 実況中継』『あたりまえだけどなかなかできない英語発音のルール』『やっぱりイギリス英語が好き！』（以上、明日香出版社）、『はじめてのえいごはつおん』（Jリサーチ出版）、『どうしても聞き取れない耳をほぐす英語リスニング』（DHC）、『ママとキッズのはじめてのフォニックス』（すばる舎）

＜共著＞
『U.S.A小学校テキスト発 英語deドリル』（講談社）

本書の内容に関するお問い合わせは弊社HPからお願いいたします。

CD BOOK 〈フォニックス〉できれいな英語(えいご)の発音(はつおん)がおもしろいほど身(み)につく本(ほん)

2012年 7月 14日	初版発行	
2021年 3月 22日	第21刷発行	

著　者　ジュミック今井(いまい)
発行者　石　野　栄　一

明日香出版社

〒112-0005 東京都文京区水道2-11-5
電話 (03) 5395-7650（代表）
　　 (03) 5395-7654（FAX）
郵便振替 00150-6-183481
https://www.asuka-g.co.jp

■スタッフ■　BP事業部　久松圭祐／藤田知子／藤本さやか／田中裕也／朝倉優梨奈／竹中初音
　　　　　　BS事業部　渡辺久夫／奥本達哉／横尾一樹／関山美保子

印刷　美研プリンティング株式会社
製本　根本製本株式会社
ISBN 978-4-7569-1563-4 C2082

本書のコピー、スキャン、デジタル化等の無断複製は著作権法上で禁じられています。
乱丁本・落丁本はお取り替え致します。
©Jumique Imai 2012 Printed in Japan

フォニックス〈発音〉トレーニングBOOK

ジュミック今井

フォニックスは、もともと英語圏の子供たちが文字を読むことができるように開発された指導法。英語のスペルから発音のルールを、また逆に音からスペルを学んでいきます。楽しくリズムに乗せてレッスン！　CDはまるで先生の個人授業を受けているかのようなライブ感です。

本体価格1500円＋税　A5並製
252ページ　2005/02 発行
ISBN4-7569-0844-6

実践フォニックス〈会話〉トレーニングBOOK

ジュミック今井

フォニックスとは、つづりと音のルールのこと。そのフォニックスを、単語レベルではなく会話レベルで使いこなしましょう。発音しにくいカタカナ英語、またセンテンス、ダイアログと多くの英文で練習できます。発音をもっと流暢にきちんと変えていきたい方必須の書籍です！

本体価格1600円＋税　A5並製
208ページ　2006/01 発行
ISBN4-7569-0947-7

ドリル式フォニックス＜発音＞練習BOOK

ジュミック今井

ロングセラー『フォニックス＜発音＞トレーニングBOOK』のドリル編。フォニックスの発音を徹底的にトレーニング。これでネイティブの発音になれる！
　中学レベルの英単語を盛り込むので、単語のおさらいにもなります。1作目を持っている人にも、この本から始める人にも、すぐ使えるトレーニングドリル。

本体価格1600円＋税　A5並製
272ページ　2009/09発行
ISBN978-4-7569-1328-9

耳をきたえる！ 英語リスニング教室 実況中継

ジュミック今井

よく知っている単語でも聞き取れない？　それは英語特有の、音の変化に原因があります。英語音に慣れるためのトレーニングと解説を、学校の授業のノリで学べる本！　英語リスニング力UPに欠かせない5つのポイントを、『フォニックス』シリーズでおなじみのジュミック先生がやさしく教えます。

本体価格2000円＋税　A5並製
240ページ　2010/04発行
ISBN978-4-7569-1379-1

語源とイラストでみるみる覚える英単語

晴山　陽一

「語源」で単語を覚えることが注目を集めています。本書では、特に語源のイメージをつかみやすい単語を中心にセレクト。語源の意味を連想させるイラストによって、丸暗記ではなくビジュアルでイメージをつかめます。2色刷り、赤シートつき。

本体価格1600円＋税　A5並製
256ページ　2015/03発行
ISBN4-7569-1761-4

[新装版] 絵でわかる前置詞の使い方

エインジェル・久保

前置詞の使い分けは日本人には難しく、in を on にしたり、at を by にしたりと間違えがちです。本書はイラストで前置詞の意味を解説してあるので、簡単に理解できるようになります。前置詞の使い方が感覚的に一目でわかる本！

本体価格1200円＋税　B6並製
224ページ　2007/07発行
ISBN978-4-7569-1105-6

英語が１週間でいとも簡単に話せるようになる本

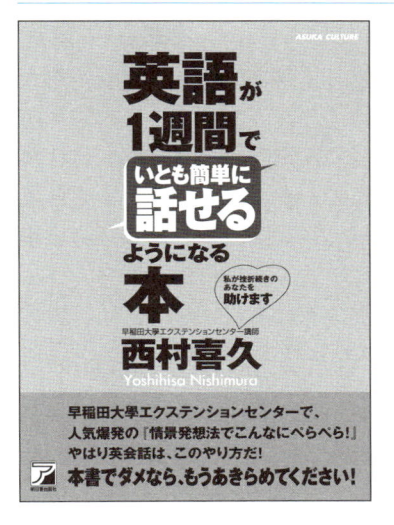

西村　喜久

英会話は、だいたいが＜日本語＝英語＞の単語や言いまわしを見つけようとして、頭の中が真っ白になって、ギブアップ！　西村式は、言いたいことを自分なりの表現にする方法（情景発想法）を会得させてくれるので、短期間で英語が話せるようになる！

本体価格1500円＋税　B6並製
212ページ　2008/04発行
ISBN978-4-7569-1185-8

［CD BOOK］たったの72パターンでこんなに話せる英会話

味園　真紀

これでもうフレーズ丸暗記の必要ナシ！　「～じゃない？」「～かなぁ」「よく～するの？」「～してもらえない？」「～はどんな感じ？」「～頑張って！」などなど、ふだん使う表現が英語でも必ず言えるようになります。

本体価格1400円＋税　B6変型
216ページ　2005/01発行
ISBN4-7569-0832-2

CD BOOK 英会話フレーズブック

多岐川　恵理

英語中級者・上級者ほど、何気なく日本語で思ったことを「ああ、これって英語でなんて言うんだろう？」と悩むことが多くなるもの。そんな「言えそうで言えない」フレーズを盛り込みました。日本語を読むだけで「この表現、使ってみたい！」と思ってしまうフレーズが満載です。CD3枚付き！（日本語→英語収録）

本体価格2500円＋税　B6変型
384ページ　2007/08発行
ISBN978-4-7569-1110-0

カラー版 CD BOOK 中学3年分の英語を3週間でマスターできる本

長沢　寿夫

長沢先生のロングセラーで25年に渡って愛読されている『中学3年分の英語を3週間でマスターできる本』のカラー版です。英語をやり直したい人、学校の授業でつまづいた人、これから始めたい人も「長沢式」で中学英語の基礎がしっかり身につきます。

本体価格1300円＋税　B6変型
256ページ　2011/08発行
ISBN978-4-7569-1483-5